Markolf H. Niemz

Sich selbst verlieren und alles gewinnen

Markolf H. Niemz

Sich selbst verlieren und alles gewinnen

Ein Physiker greift nach den Sternen

KREUZ

MIX
Papier aus verantwortungsvollen Quellen
FSC® C083411

www.kreuz-verlag.de

Satz: de·te·pe, Aalen
Herstellung: Graspo, Zlín

Printed in the Czech Republik

ISBN 978-3-451-61322-7

Inhalt

Für alle,

die andeRs sind.

Dies ist keine Fotomontage! Im herabfließenden Wasser ist ein dünnes Rohr, in dem das Wasser unsichtbar aufsteigen kann.

Illusion oder Wirklichkeit?

Kennen Sie dieses unwirkliche Gefühl: Sie sehen etwas und sind dennoch fest davon überzeugt, es könne gar nicht sein? Für optische Täuschungen gibt es zahlreiche Beispiele, aber ein wesentlich intensiveres Erlebnis ist die *gefühlte* Illusion. In wenigen Sekunden dürfen Sie mit Ihrem eigenen Körper die Hartnäckigkeit einer Illusion spüren.

Experiment Nr. 1
Überkreuzen Sie bitte den Zeigefinger und den Mittelfinger Ihrer rechten Hand (wie in Abbildung 1), und berühren Sie mit beiden Fingerkuppen gleichzeitig Ihre Nase! Wie viele Nasen fühlen Sie: eine oder zwei? Bitte wiederholen Sie das Experiment vor einem Spiegel, falls Sie unsicher sind.

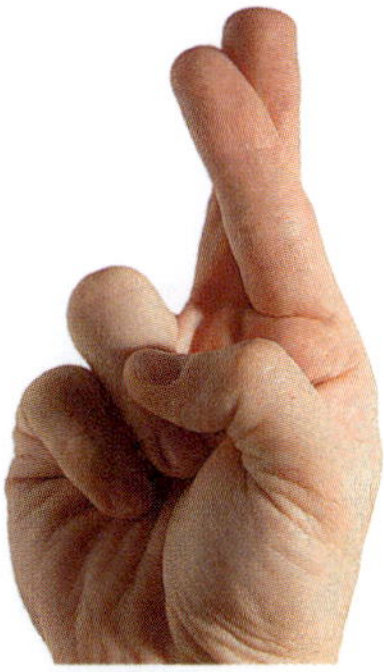

Abb. 1: Illusion beim Fühlen

Die Illusion ist perfekt, wenn Sie wie fast alle Testpersonen zwei Nasen fühlen, obwohl Sie doch wissen, dass Sie nur eine Nase haben. Wie ist das möglich? Die Ursache für die Sinnestäuschung ist das Überkreuzen der beiden Finger. Ihr Gehirn geht davon aus, dass Ihr rechter Mittelfinger ein Objekt stets rechts von Ihrem rechten Zeigefinger ertastet. Mit dem Überkreuzen der Finger überlisten Sie Ihr Gehirn, und es meldet Ihnen folgerichtig zwei Nasen.

Was lernen wir aus diesem Experiment? Es verdeutlicht auf sinnliche Weise, wie tückisch so eine Illusion sein kann. Spätestens vor dem Spiegel können die meisten Menschen Illusion von Wirklichkeit unterscheiden, weil sie neben dem Tastsinn noch über einen Sehsinn verfügen. Wenn auch Sie zu diesen glücklichen Menschen gehören, die sehen können, dann stellen Sie sich bitte noch einmal vor den Spiegel und schauen zu, wie Sie mit gekreuzten Fingern Ihre Nase fühlen. Jetzt konkurrieren nämlich Ihr Tastsinn und Ihr Sehsinn miteinander. Wer wohl gewinnt? Vertrauen Sie Ihren Augen mehr als Ihren Fingern?

Experiment Nr. 2

Doch auch Ihre Augen lassen sich täuschen. Betrachten Sie dazu bitte bei hellem Licht Abbildung 2. Schweifen Sie mit Ihrem Blick langsam über die Muster und beschreiben Sie, was Sie wahrnehmen. Ich vermute, dass Sie wie die meisten Testpersonen beobachten werden, wie sich die kreisförmigen Muster drehen, obwohl sie doch fest fixiert sind. Wie ist das möglich? Ein Spiegel kann uns hier nicht weiterhelfen. Die Illusion entsteht durch die Kombination verschiedener Helligkeiten. Die Rezeptoren im Auge sind so verschaltet, dass die dargebotene Schattierung im Gehirn den Eindruck von sich drehenden Mustern erzeugt.

Abb. 2: Illusion beim Sehen

Experiment Nr. 3

Offensichtlich dürfen wir weder unseren Fingern noch unseren Augen vollends vertrauen. Sollten wir mehr auf unsere Ohren hören? Bei blinden Menschen ist der Hörsinn häufig besser ausgeprägt als bei sehenden Menschen, weil sie ihn stärker beanspruchen und entsprechend trainieren. Es ist ein Beleg dafür, dass sich unsere Wahrnehmung schärfen lässt. Wenn Sie mögen, dürfen Sie gerne noch ein drittes Experiment durchführen. Falls Sie über einen Zugang zum Internet verfügen, können Sie die Illusion hören. Falls nicht, werden Sie eine optische Entsprechung kennenlernen.

Abbildung 3 zeigt ein System mit Musiknoten, die von links nach rechts immer höher werden. Der Zuhörer hat den Eindruck, dass die Klangfolge kontinuierlich ansteigt, obwohl der erste Klang (ganz links) und der letzte Klang (ganz rechts) identisch sind. Eine Hörprobe können Sie unter dem folgenden Link abrufen:

www.kreuz-verlag.de/niemz_sich_selbst_verlieren

Die Illusion beruht darauf, dass jeder Klang aus mehreren Einzeltönen besteht, deren Lautstärke variiert. Letztere ist in Abbildung 3 als Helligkeit gekennzeichnet: Je blasser eine Note ist, umso leiser klingt sie. Durch eine geschickte Kombination aus Lauterwerden und Leiserwerden entsteht beim Zuhörer die Illusion einer kontinuierlich ansteigenden Klangfolge. Der US-amerikanische Psychologe Roger Shepard hat sie erstmals beschrieben.[1]

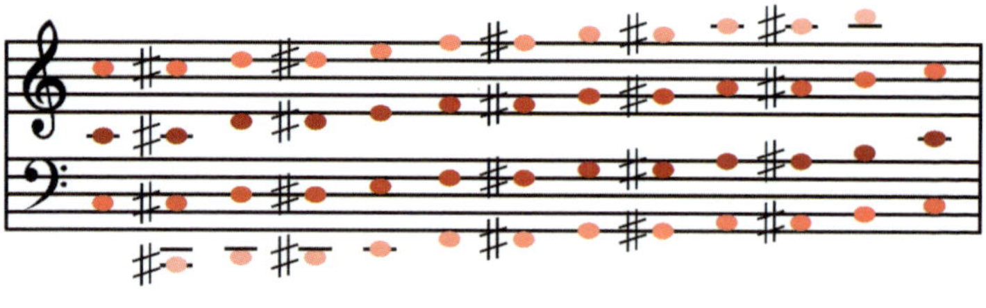

Abb. 3: Illusion beim Hören

Diese akustische Illusion lässt sich auch optisch veranschaulichen: Abbildung 4 zeigt links 13 Treppenstufen, die den aufsteigenden Musiknoten in Abbildung 3 entsprechen. Die Illusion einer endlosen Treppe rührt daher, dass Sie die tatsächliche Höhe der hinteren (schwarz gezeichneten) Stufen überhaupt nicht einsehen können. Eigentlich müsste die Treppe ansteigen wie in Abbildung 4 rechts. Bei der Klangfolge in Abbildung 3 entsteht die Illusion durch einen ähnlichen Effekt: Weil stets mehrere Noten zeitgleich erklingen, lässt sich einem gehörten Klang keine eindeutige Tonhöhe zuordnen. Lediglich die Gesamtlautstärke ist eindeutig, und diese bleibt von Klang zu Klang konstant.

Abb. 4: Endlose Treppe (Illusion und Wirklichkeit)

Dass ich Sie diese drei kleinen Experimente habe durchführen lassen, hat einen einfachen Grund: Am eigenen Körper durften Sie erfahren, wie leicht sich Ihre Wahrnehmung täuschen lässt und wie trügerisch Ihre Vorstellung von der Wirklichkeit sein kann. Auch auf das Riechen und Schmecken sollten wir uns nicht hundertprozentig verlassen. Denken Sie nur an künstliche Aromen, mit denen viele unserer Lebensmittel aufgeputscht werden. Mit fünf Sinnen erleben wir die Wirklichkeit in Raum und Zeit, und doch scheint es, als könnten wir sie nicht vollständig erfassen.

Das Wort »Illusion« stammt vom lateinischen *illudere* ab (auf Deutsch etwa: ins Spiel werfen). Gemeint ist damit, dass unser Gehirn aufgrund einer Sinneswahrnehmung oder eines Gedankens eine Annahme »ins Spiel wirft«, die nicht zwingend der Wirklichkeit entspricht. Schon die alten Griechen waren Meister der Illusion. Der größte Tempel auf der Akropolis in Athen, der *Parthenon,* scheint ein Meisterwerk der Perfektion zu sein, doch der Schein trügt. Tatsächlich ist nicht eine einzige Linie dieses Bauwerks gerade. Damit der Betrachter vom Boden aus den Eindruck eines senkrecht bis in den Himmel reichenden Tempels gewinnt, haben sich die antiken Baumeister gleich mehrere Tricks einfallen lassen: Das Bauwerk steht auf einem gekrümmten Fundament, und die Säulen sind nach innen geneigt. Abbildung 5 zeigt links (nicht rechts!) die vom Betrachter wahrgenommene Illusion und rechts die in Wirklichkeit vorhandene, hier etwas übertriebene Krümmung des Tempels.

Abb. 5: Der Parthenon (Illusion und Wirklichkeit)

Viele Illusionen beruhen darauf, dass die Sinne bewusst mit einem Trick getäuscht werden. Das gilt auch für die drei Experimente, die Sie eben durchgeführt haben. Doch nicht allein unsere Sinneswahrnehmung ist fehlerhaft. So manche

Illusion entsteht durch unreflektierte Gedanken im Gehirn. Ein typisches Beispiel sind Vorurteile. Die Annahme, dass Frauen nicht einparken können, widerspricht der Wirklichkeit und ist darum eine Illusion. Ich hatte eine Fahrlehrerin, und sie konnte einparken.

Auch der Aberglaube ist eine Illusion. Die Vorstellung, dass die Zahl 13 immer Unglück bringt, entspricht nicht der Wirklichkeit. Mein Erstlingswerk *Lucy mit c* schaffte es als erstes deutsches Buch im Eigenverlag auf die Bestsellerliste – auf Platz 13! Das war mein Sprungbrett als Schriftsteller, obwohl ich in der Schule nie eine Leuchte im Deutschaufsatz war. Folglich erweist sich sogar eine bekannte Lebensweisheit als Illusion: »Was Hänschen nicht lernt, lernt Hans nimmermehr.« Mein zweiter Vorname ist Hans. Wir lernen, solange wir leben.

Illusionen haben es an sich, dass sie nicht leicht von der Wirklichkeit zu unterscheiden sind. Eine Illusion lässt sich als solche entlarven, wenn wir versuchen, eine andere Perspektive einzunehmen, indem wir beispielsweise noch einen weiteren Sinn zu Rate ziehen. Beim ersten Experiment war dies der Blick in den Spiegel. Ein Muster im zweiten Experiment hört sofort auf, sich zu drehen, wenn Sie versuchen, es mit Ihrem Zeigefinger zu berühren. Und die aufsteigende Klangfolge im dritten Experiment erweist sich spätestens im Kontext mit seiner optischen Entsprechung als eine Illusion. Daraus können wir eine wichtige Erkenntnis ableiten: Auch gedankliche Illusionen wie Vorurteile und Aberglaube lassen sich abbauen, indem wir uns bemühen, die Perspektive zu wechseln. Dies fällt nicht immer leicht, weil es mitunter bequem ist, sich mit seinen Illusionen zu arrangieren. Schon Albert Einstein wusste: »Es ist leichter, einen Atomkern zu spalten als ein Vorurteil.«[2]

Zum Aufbau des Buches

Ich bin fest davon überzeugt, dass viele unserer Annahmen über die Wirklichkeit falsch sind. In diesem Buch wage ich den Versuch, die vielleicht bedeutendsten Illusionen aufzudecken. Weil eine Weltsicht oft stark von Illusionen geprägt ist, halte ich es für sinnvoll, sich diese frühzeitig bewusst zu machen. Wer will schon erst beim Sterben erfahren, dass er sein ganzes Leben lang Illusionen aufgesessen ist?

Im ersten Teil werde ich drei fundamentale Illusionen unter die Lupe nehmen: **die absolute Zeit, den absoluten Raum** und **das personale Ich.** Die Erkenntnis, dass *die* Zeit und *der* Raum nur Illusionen sind, geht auf Albert Einstein und seine Relativitätstheorie zurück. Doch auch das Ich ist wohl nicht das, wofür viele Menschen es halten.

Im eingeschobenen Essay **Weg bin ich** beschreibe ich die Euphorie bei meinem ersten wissenschaftlichen Experiment. Als neugieriger Physiker gebe ich mich meinem Fach hin, vergesse alles um mich herum und bin einfach weg. In einem solchen Erlebnis zeigt sich das wahre Ich.

Der zweite Teil befasst sich mit drei Illusionen, denen wir täglich begegnen: **das materielle Glück, die individuelle Freiheit** und **die subjektive Gerechtigkeit.** Dass Geld nicht glücklich macht, ist schon fast Allgemeinwissen. Meine Auffassungen von Freiheit und Gerechtigkeit geben neue Impulse für ein friedliches Miteinander.

Im sich anschließenden Essay **Und wieder bin ich weg** schildere ich nochmals eine Erfahrung des Sich-Hingebens. Ausgelöst wird sie diesmal aber durch die Liebe zu meiner Lebensgefährtin und unseren zwei Kindern. Erkenntnis und Liebe haben gemeinsam, dass ich mich in beiden verlieren kann. Lässt sich der Ichverlust beim Sterben demnach nicht auch als Chance begreifen?

Im dritten Teil gehe ich ans Eingemachte: **Die heilige Religion, der allmächtige Gott** und **das Leben nach dem Tod** sind auch nur Illusionen, und sie sind besonders hartnäckig! Ich bin mir durchaus bewusst, dass viele Christen, Juden und Muslime Gott als »den Allmächtigen« bezeichnen, aber »Allmacht« entpuppt sich als ein äußerst fragwürdiger Begriff. Nicht anders verhält es sich mit der gängigen Redefloskel »Leben nach dem Tod«. Wozu habe ich einen Körper, wenn ich auch ohne ihn leben könnte?

Nach insgesamt neun Illusionen setzt sich das Schlusskapitel **Bewusstwerdung der Natur** erwartungsgemäß mit der Wirklichkeit auseinander. Wissenschaftliche Erkenntnis lässt vermuten, dass die Natur ein sich selbst organisierendes, lebendiges Netzwerk ist. Ähnlich wie ein Computer im *World Wide Web* sammelt jede lebende Zelle Informationen und kommuniziert diese an einen unermesslichen Speicher. Dadurch vollzieht die Natur als Ganzes eine Entwicklung. Ihr Bewusstsein erstreckt sich über alle Lebewesen und ist im menschlichen Gehirn besonders stark ausgeprägt.

Auch in diesem Buch werde ich keine meiner Aussagen beweisen; ich stelle lediglich meine Weltsicht vor. Beweise gibt es in der Mathematik, nicht jedoch in der Physik. Jede naturwissenschaftliche Theorie muss die Möglichkeit zulassen, widerlegt zu werden. Herzlich lade ich Sie ein, sich mit meiner Weltsicht kritisch auseinanderzusetzen. Falls es mir gelingt, Sie zum Nachdenken anzuregen und Ihnen die eine oder andere Illusion zu nehmen, habe ich mein Ziel erreicht.

Markolf H. Niemz

Das Licht der Sterne,
das wir morgen sehen werden,
ist für uns **Zukunft,**
für die Sterne **Vergangenheit**
und für das Licht **Gegenwart.**

Die absolute Zeit

Lassen Sie uns beginnen! »Beginnen« hat etwas mit Zeit zu tun. Zeit ist eine Struktur, die unser Leben jeden Tag prägt, an der es uns aber oft mangelt. Wer als Fremder andere um einen Gefallen bittet, bekommt häufig die folgende Antwort zu hören: »Ich habe keine Zeit.« Dem will ich entgegenwirken. Nehmen wir uns Zeit! Jetzt. Wir alle machen Fehler im Leben und möchten gerne hin und wieder die Zeit nochmals zurückdrehen. Die Tatsache, dass sich Zeit nicht zurückdrehen lässt, zeigt uns, dass sie keine Sinnestäuschung ist. Zeit ist real, aber die absolute (für alle Beobachter gleiche) Zeit ist nur eine Illusion.

Systematische Gedanken über die Zeit sind uns bereits vom griechischen Philosophen Platon überliefert. Platon ging in seiner Ideenlehre davon aus, dass wir die Wirklichkeit nur unscharf wahrnehmen können.[3] Alle Formen, die uns in Raum und Zeit erscheinen, seien lediglich verzerrte Abbilder der Wirklichkeit. Zeit selbst war für Platon ein leerer Behälter, der mit Dingen und Ereignissen angefüllt werden kann, und durch den sie sich hindurch bewegen; wie eine mit Wasser gefüllte Schale, die unten ein Loch hat, durch das der Inhalt herauslaufen kann.

Platon

Der griechische Philosoph Aristoteles wurde in seiner Auffassung von Zeit deutlich konkreter. Er stellte fest, dass für jede Bewegung Zeit verantwortlich ist und dass sich Bewegung und Zeit gegenseitig bestimmen: »Wir messen nicht nur die Bewegung mittels der Zeit, sondern auch mittels der Bewegung die Zeit, und können dies, weil sich beide wechselseitig bestimmen.«[4] Außerdem nahm Aristoteles an, dass sich Zeit aus unendlich vielen Intervallen zusammensetzt.[5] Damit vertrat er erstmals die Vorstellung eines Kontinuums von Zeit.

Aristoteles

Augustinus von Hippo, Philosoph und Kirchenlehrer, brachte noch einen anderen Gedanken ins Spiel: Er unterschied eine messbare (objektive) Zeit von einer erlebnisbezogenen (subjektiven) Zeit. Zeit und auch Raum seien erst durch Gottes Schöpfung entstanden, und für Gott sei alles Gegenwart. In seinen *Bekenntnissen* begreift Augustinus Vergangenheit und Zukunft nur als Erinnerungen beziehungsweise Erwartungen in der Gegenwart.[6] Doch auf die Frage, was Zeit sei, wusste auch er keine klare Antwort: »Wenn mich niemand danach fragt, weiß ich es; will ich es einem Fragenden erklären, weiß ich es nicht.«[7]

Augustinus

Es war der britische Physiker Isaac Newton, der unsere Vorstellung von Zeit bis heute nachhaltig geprägt hat: »Die absolute, wahre und mathematische Zeit fließt an sich und vermöge ihrer Natur gleichförmig … Die relative, scheinbare und gewöhnliche Zeit ist ein fühlbares … Maß der Dauer, dessen man sich gewöhnlich statt der wahren Zeit bedient.«[8] Die wahre Zeit ist nach Newton absolut. Dieser Auffassung widersprach sein größter Kontrahent, der deutsche Wissenschaftler und Philosoph Gottfried Wilhelm Leibniz. Wenn jeder Augenblick mit jedem anderen absolut identisch wäre, hätte Gott keinen Grund für die Erschaffung eines Universums zu einem bestimmten Zeitpunkt gehabt. Nach Leibniz sind Zeit und Raum lediglich gedankliche Konstruktionen, um Beziehungen zu beschreiben: »Zeit ist die Ordnung des nicht zugleich Existierenden.«[9]

Kant

Der deutsche Philosoph Immanuel Kant ging noch einen Schritt weiter: Er betrachtete Zeit und Raum nicht als Erfahrungen, die wir über unsere Welt machen, sondern als Voraussetzungen dafür, dass wir überhaupt Erfahrungen machen können. Es sei unmöglich, die Zeit aus der Erfahrung wegzudenken: »Die Zeit ist kein empirischer Begriff, der irgend von einer Erfahrung abgezogen worden. Die Zeit ist eine notwendige Vorstellung, die allen Anschauungen zum Grunde liegt.«[10] Kants Zeitbegriff wird heute kontrovers diskutiert.

In seinem Hauptwerk *Sein und Zeit* fasste der deutsche Philosoph Martin Heidegger Zeitlichkeit als die zutiefst das Menschsein prägende Wirklichkeit auf. Der Mensch komme ohne eigenes Zutun in die Welt und habe seine Existenz zu übernehmen, indem er Entscheidungen treffe.[11] Das Ergreifen von Möglichkeiten bestimme die Zukunft, und der Tod markiere das Ende alles Ergreifens von Möglichkeiten. Weil der Tod existiere, sei der Entscheidungsspielraum des Menschen begrenzt. Die rechnerische Zeit lasse sich also auf die Endlichkeit des Lebens zurückführen.

Was also ist Zeit? Die Philosophie ist sich uneins. Viele Menschen stellen sich Zeit wie eine einzelne Linie vor, die zu einem bestimmten Zeitpunkt beginnt, zu einem anderen Zeitpunkt endet und dazwischen noch viele weitere, absolute Zeitpunkte enthält (siehe Abbildung 6). Das Jetzt wird als »Gegenwart« bezeichnet. Alles, was früher oder später ist, heißt »Vergangenheit« beziehungsweise »Zukunft«.

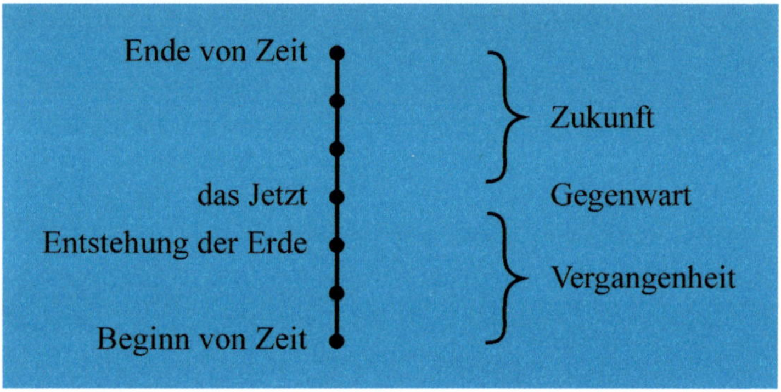

Abb. 6: Zeit bestehend aus absoluten Zeitpunkten

Doch diese Auffassung von Zeit entspricht nicht der Wirklichkeit. Was für manche Beobachter noch Zukunft ist, kann nämlich für andere Beobachter bereits Gegenwart oder Vergangenheit sein. Zum Beispiel ist das dasselbe Licht der Sterne, das wir morgen sehen werden, für uns Zukunft, für die Sterne Vergangenheit und für das Licht Gegenwart. Ein anderes Beispiel illustriert Abbildung 7: Für Beobachter B schlagen die Blitze X und Y *gleichzeitig* ein, wenn sie dieselbe Raumdistanz zu ihm haben. Für Beobachter A ist Blitz X jedoch näher als Blitz Y, das heißt, aus seiner Perspektive schlägt Blitz X *vor* Blitz Y ein. Für Beobachter C hingegen schlägt Blitz X erst *nach* Blitz Y ein. Die Beobachter kommen also zu völlig unterschiedlichen Ergebnissen, wenn sie die Reihenfolge der zwei Blitzeinschläge beurteilen sollen – und doch hat jeder recht.

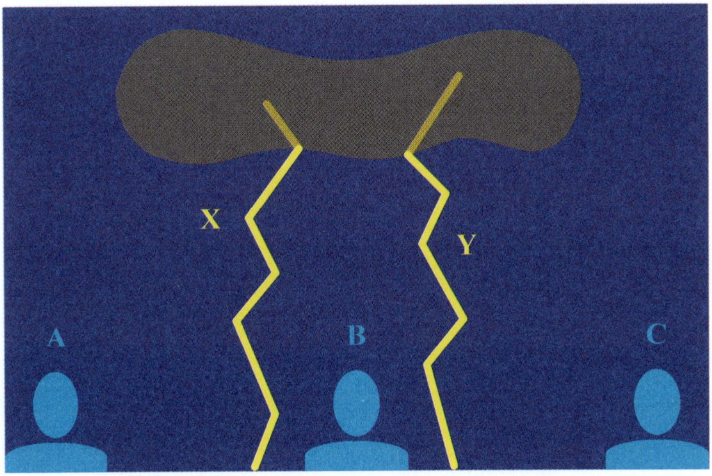

Abb. 7: Beobachtung von zwei Blitzeinschlägen

Ursache für diese merkwürdige Eigenschaft von Zeit ist die endliche Lichtgeschwindigkeit: Je weiter weg ein Blitz einschlägt, umso später nehmen wir ihn wahr. Wie subjektiv die Einteilung in vergangene, gegenwärtige und zukünftige Ereignisse ist, zeigt sich hier: Angenommen, Beobachter A hat soeben Blitz X wahrgenommen, aber noch nicht Blitz Y. Dann ist Blitz X für ihn bereits Vergangenheit, aber Blitz Y ist noch Zukunft. Für Beobachter C ist es genau umgekehrt. Für ihn kann Blitz X noch Zukunft sein, wenngleich Blitz Y schon Vergangenheit ist. Nur für Beobachter B schlägt Blitz X in der Gegenwart von Blitz Y ein. Die zeitliche Reihenfolge von Ereignissen hängt also auch von der eigenen Perspektive ab. Es war diese Erkenntnis, die Albert Einstein in einer Anekdote kommentierte: »Für uns gläubige Physiker hat die Scheidung zwischen Vergangenheit, Gegenwart und Zukunft nur die Bedeutung einer wenn auch hartnäckigen Illusion.«[12] Für jeden von uns mag es eine Vergangenheit, eine Gegenwart und eine Zukunft geben, aber diese Zeitabschnitte sind nicht auf das gesamte Universum anwendbar. Der Grund hierfür ist die enge Verknüpfung von Raum und Zeit, die ich im folgenden Kapitel erläutern werde.

Hinfällig ist damit die Annahme einer kosmischen Uhr oder Weltzeit, die überall im Universum einen Augenblick namens »Jetzt« oder »Gegenwart« erschafft, in dem wir uns alle momentan befinden. Es hat lediglich den Anschein, als würde sich die Gegenwart unaufhaltsam von einer Vergangenheit in eine Zukunft bewegen. Dieses Phänomen, das oft als »Fließen von Zeit« bezeichnet wird, entzieht sich jeder naturwissenschaftlichen Betrachtung. Die Vorstellung einer fließenden Zeit ist nur dann sinnvoll, wenn auch eine davon unterscheidbare Alternative denkbar ist. Die Annahme einer stehenden Zeit führt aber sofort zum Widerspruch, weil sich der Stillstand von Zeit bloß aus einer Perspektive erfahren lässt, aus der die Zeit fließt. Doch wie könnte die Zeit noch fließen, wenn sie einmal stillsteht?

Der Zeitbegriff in der Physik änderte sich radikal, als Albert Einstein im Jahr 1905 seine *spezielle Relativitätstheorie* veröffentlichte. Im Grunde machte er bloß zwei Annahmen:[13] Die Lichtgeschwindigkeit ist eine Naturkonstante, und die Naturgesetze haben für alle unbeschleunigten Beobachter

Einstein

die gleiche mathematische Form. Daraus schlussfolgerte er, dass die absolute Zeit eine Illusion sein muss. Wie lange ein Vorgang dauert, hängt demnach auch davon ab, wie schnell ich mich relativ zu diesem Vorgang bewege. Wenn ich mich zum Beispiel mit 87 Prozent der Lichtgeschwindigkeit relativ zu Ihnen bewege, läuft Ihre Uhr aus meiner Perspektive halb so schnell wie meine Uhr – auch dann, wenn die Uhren baugleich sind! Ursache für diesen Effekt ist nämlich weder die Mechanik der Uhr noch eine schwache Batterie, sondern allein die Tatsache, dass sich die beiden Uhren relativ zueinander bewegen.

Weshalb sich Zeit so seltsam verhalten muss, lässt sich mit einem kleinen Gedankenexperiment veranschaulichen. Abbildung 8 zeigt einen fahrbaren Wagen, in dem sich eine sogenannte *Lichtuhr* befindet. Die Lichtuhr besteht aus zwei Spiegeln und einem Lichtteilchen, das zwischen den beiden Spiegeln hin und her reflektiert wird. Das Lichtteilchen ist gelb gekennzeichnet, sein Weg grün. Jedes Mal, wenn das Lichtteilchen auf den unteren Spiegel trifft, macht die Uhr »tick« und eine weitere Zeiteinheit ist vergangen (zum Beispiel eine Sekunde).

Abb. 8: Lichtuhr im stehenden Wagen

Wenn sich nun der Wagen wie in Abbildung 9 bewegt, legt das Licht zwischen zwei Ticks den gestrichelten (also einen etwas längeren!) Weg zurück. Mit Einsteins Annahme einer konstanten Lichtgeschwindigkeit folgt hieraus sofort, dass zwischen zwei Ticks in Abbildung 9 etwas mehr Zeit verstreichen muss als zwischen zwei Ticks in Abbildung 8. Eine Uhr geht also langsamer, sobald sie sich relativ zu mir bewegt. Dieser Effekt wird in Einsteins Relativitätstheorie als »Zeitdilatation« (auf Deutsch: Zeitdehnung) bezeichnet. Signifikant ist der Effekt jedoch erst bei extrem hohen Geschwindigkeiten kurz unterhalb der Lichtgeschwindigkeit.

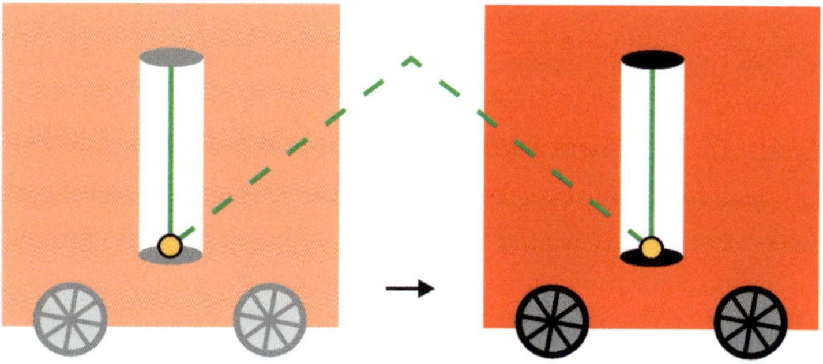

Abb. 9: Lichtuhr im bewegten Wagen

Zeit ist relativ, das aber heißt, Zeit verstreicht nicht für alle Beobachter im Universum gleich. Wenn Sie sich relativ zu mir bewegen, geht Ihre Uhr aus meiner Perspektive langsamer. Lässt sich die relative Zeit auch in einer Abbildung veranschaulichen? Ja, allerdings nicht als einzelne Linie mit absoluten Zeitpunkten, sondern als viele Linien mit relativen Zeitdistanzen (siehe Abbildung 10). So eine Zeitdistanz hat nicht für alle Beobachter denselben Wert. Verschiedene

Beobachter messen nur dann denselben Wert für eine Distanz, wenn sie sich nicht relativ zueinander bewegen. Diese Voraussetzung trifft im Beispiel von Abbildung 10 nur auf die beiden linken Zeitskalen zu.

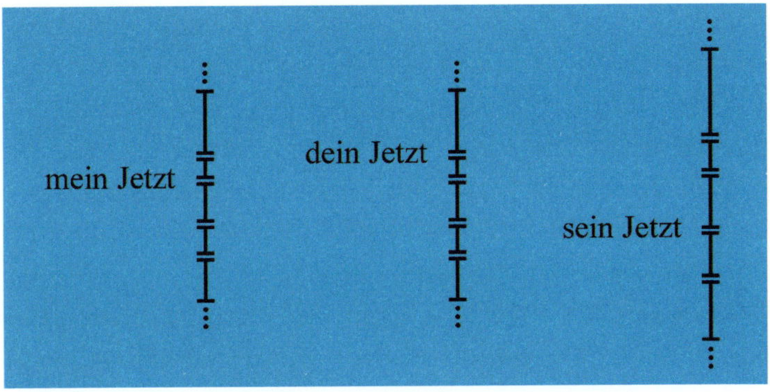

Abb. 10: Zeit bestehend aus relativen Zeitdistanzen

Eine Distanz gibt die Differenz zu einem Bezugspunkt an. Sie ist also eine Art »dazwischen«. Es gibt Zeitdistanzen und Raumdistanzen. Aussagen wie »der Mount Everest ist 8848 Meter hoch« oder »ich wurde im Jahr 1964 geboren« wären sinnlos, wenn wir nicht unbewusst Bezüge herstellen würden: »über dem Meeresspiegel« oder »nach Christi Geburt«. Doch das »Dazwischen« ist dehnbar. Wenn sich zwei Beobachter relativ zueinander bewegen, werden ihre Messwerte für Distanzen voneinander abweichen.

Wir halten fest: Es gibt weder die absolute Zeit noch die absolute Vergangenheit, Gegenwart oder Zukunft. Jeder von uns nimmt aber relative Distanzen sowie eine relative Vergangenheit, Gegenwart und Zukunft wahr. Kann Zeit somit beginnen oder enden?

Im heutigen Standardmodell der Kosmologie wird angenommen, dass das Universum vor ungefähr 14 Milliarden Jahren mit einem riesigen Urknall begann.[14] Raum und Zeit seien damals zusammen aus einer sogenannten *Singularität* (einem ursprünglichen Punkt) hervorgegangen. Die gesamte Energie des Universums sei zuerst in diesem heißen Punkt konzentriert gewesen und habe sich später infolge der Ausdehnung und Abkühlung in Materie umgewandelt. Ein sich ausdehnendes Universum wurde erstmals im Jahr 1931 von dem belgischen Physiker und Theologen Georges Lemaître beschrieben.[15] Das Wort »Urknall« geht auf eine Äußerung des britischen Astrophysikers Sir Fred Hoyle aus dem Jahr 1949 zurück.[16] Hoyle selbst glaubte bis zu seinem Tod nicht an den Urknall, sprach aber gerne vom »Big Bang«, um auf den größten Schwachpunkt eines dynamischen Universums hinzuweisen: Was könnte denn damals geknallt haben, als es noch keine Materie gab, also auch keinen Schall? Nichts! Knallen kann es nur in einem materiellen Medium wie Luft. Im Wort »Knall« steckt alles, was wir noch nicht verstanden haben. Es verdeckt unsere eigene Unwissenheit.

Die meisten Physiker glauben dennoch an die Urknalltheorie, weil sie am besten mit der gewaltigen Datenmenge in Einklang zu bringen ist, die uns die vielen Teleskope aus dem Weltraum übermitteln. Für den Urknall sprechen unter anderem die Beobachtungen, dass sich alle Galaxien voneinander entfernen und dass der Kosmos aus allen Richtungen nahezu gleichmäßig strahlt. Es mag also durchaus zutreffen, dass die gesamte Energie des Universums vor etwa 14 Milliarden Jahren in einem heißen Punkt konzentriert war. Die weit verbreitete Hypothese, dass Raum und Zeit gemeinsam mit dem Urknall entstanden seien, halte ich aber inzwischen für logisch falsch.[17] Raum und Zeit können überhaupt nicht entstehen, weil sie sich selbst voraussetzen: Jedes Entstehen (also auch ein Entstehen von Zeit) ist ein *Werden,* und Werden ist nur in der Zeit möglich. Ein Entstehen von Zeit setzt also bereits die Existenz von Zeit voraus. Damit beißt sich die Katze in ihren Schwanz. Entsprechend gilt: Jedes Entstehende (also auch ein entstehender Raum) ist ein *Sein,* und Sein ist nur im Raum möglich. Ein entstehender Raum setzt also bereits die Existenz von Raum voraus, und wieder beißt sich die Katze in ihren Schwanz. In keiner noch so komplexen Urknalltheorie lässt sich die Geburt von Raum und Zeit verstecken, weil sie nie möglich war.

Raum und Zeit können auch niemals verschwinden. Zeit wäre erst dann verschwunden, wenn sie irgendwann (also in einer noch existierenden Zeit) nicht mehr ist. Entsprechend gilt: Raum wäre erst dann verschwunden, wenn er irgendwo (also in einem noch existierenden Raum) nicht mehr ist. Die arme Katze! Das Universum hat weder einen Anfang noch ein Ende. Schon im nächsten Kapitel werden wir der Frage nachgehen, ob es auch räumlich unbegrenzt ist.

Nach den Sternen greifen

Die *absolute* Zeit ist eine Illusion.
Zeit besteht aus relativen Distanzen.
Zeit hat weder Anfang noch Ende.

Das Licht einer Kerze,
die hinter Ihnen brennt,
ist für Sie hinten,
für mich vorne
und für das Licht hier.

Der absolute Raum

Vieles von dem, was wir eben über die Zeit erfahren haben, lässt sich 1:1 auf eine zweite Struktur übertragen: auf Raum. Zeit und Raum sind in der Relativitätstheorie so eng miteinander verknüpft, dass sie eigentlich nicht einzeln betrachtet werden dürfen. Dieselbe Distanz, die dem einen Beobachter zeitlich erscheint, kann nämlich für einen anderen Beobachter räumlich sein, wenn sie sich mit hoher Geschwindigkeit relativ zueinander bewegen. Schon im letzten Kapitel haben wir ein Beispiel hierfür kennengelernt: Sobald Sie sich mit 87 Prozent der Lichtgeschwindigkeit relativ zur mir bewegen, läuft Ihre Uhr aus meiner Perspektive nur noch halb so schnell wie meine Uhr. Folglich legen Sie aus meiner Perspektive weniger zeitliche Distanz zurück als ich, aber dafür umso mehr räumliche Distanz. Der Gedanke liegt nahe, dass nicht allein die absolute Zeit eine Illusion ist, sondern auch der absolute (für alle Beobachter gleiche) Raum.

Wie wirklich die Verknüpfung von Raum und Zeit ist, bekommen Sie spätestens dann zu spüren, wenn Sie in einen Verkehrsunfall verwickelt sind. Sie waren dann zur falschen Zeit am falschen Ort. Hätten Sie denselben Ort nur wenige Sekunden früher oder später erreicht, wäre vielleicht überhaupt nichts passiert. Ein Ereignis ist erst durch die Angabe von Raum- und Zeitkoordinaten vollständig charakterisiert. Beispielsweise ist am 04. Februar 1964 um 09.56 Uhr viel auf unserem Planeten geschehen. Zu diesem Zeitpunkt gab es aber genau ein Ereignis im Kreißsaal des Kreiskrankenhauses Hofheim: meine Geburt. Erst die Verknüpfung von Raum und Zeit macht die eigene Geburt zu einem Ereignis. Damals hatte ich es sehr eilig. Wenige Minuten vorher saß meine Mutter noch im Taxi!

Schon viele schlaue Köpfe haben darüber nachgedacht, was Raum eigentlich sei. Einer davon war wieder Aristoteles. In seinem Werk *Physik* philosophierte er über den Ort: »Die unmittelbare, unbewegliche Grenze des Umfassenden – das ist Ort.«[18] Seine Idee war, dass der Ort einen Körper (zum Beispiel einen Tisch) so umfasst wie ein passgenauer Handschuh die Hand. Im Gegensatz zum Handschuh sei der Ort aber unbeweglich, das heißt, der Tisch kommt an einen anderen Ort, wenn er fortgetragen wird. Aristoteles äußerte sich auch über das Universum: »Außerhalb des Himmels ist weder Raum, noch Leeres, noch Zeit.«[19]

Noch ein anderer Grieche hat unsere Auffassung von Raum wesentlich geprägt: der Mathematiker Euklid von Alexandria. Seine Gedanken zur Elementargeometrie werden bis heute in den Schulen gelehrt. Grundlage seiner Geometrie des Raumes ist das Parallelenaxiom: Zu jeder Geraden *g* und zu jedem Punkt *P* außerhalb von *g* gibt es genau eine Gerade, die parallel zu *g* ist und durch den Punkt *P* geht (siehe Abbildung 11). Die mathematische Formulierung klingt etwas abstrakt, aber sie entspricht unserer üblichen Wahrnehmung von Raum als einer geradlinigen Struktur. Erst 2000 Jahre nach Euklid begannen die Mathematiker zu begreifen, dass Raum auch gekrümmt sein kann.

Euklid

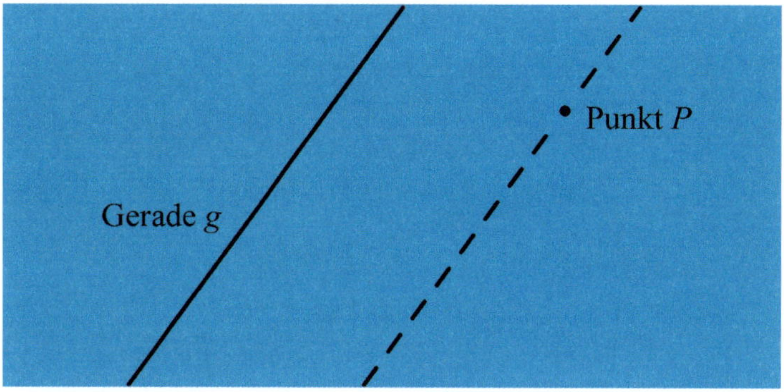

Abb. 11: Das Parallelenaxiom

Lucretius

Der römische Dichter und Philosoph Titus Lucretius Carus zweifelte an der Endlichkeit von Raum: »Wäre der Raum endlich, könnte man sich an sein Ende begeben und von dort eine Lanze schleudern. Da es aber keinen vernünftigen Grund dafür geben kann, weshalb die Bewegung der Lanze am Ende der Welt aufhört, muss der Kosmos unendlich sein.«[20] Der von Euklid beschriebene, geradlinige Raum könne also keinen äußeren Rand haben.

Ptolemäus

Der griechische Mathematiker und Astronom Claudius Ptolemäus stellte in seinem *Almagest* ein Weltbild vor, das vielen Beobachtungen seiner Zeit gerecht wurde. Er betrachtete die Erde als den Mittelpunkt des Kosmos und ließ die Sonne und alle anderen Planeten um die Erde kreisen.

Dem geozentrischen Weltbild von Ptolemäus widersprach der deutsche Astronom Nikolaus Kopernikus: »In der Mitte von allen aber hat die Sonne ihren Sitz. Denn wer möchte sie als Leuchte in diesem herrlichen Tempel an einen anderen, besseren Ort setzen als dorthin, von wo aus sie das Ganze zugleich beleuchten kann?«[21] Vor Kopernikus hatten schon andere Wissenschaftler ein heliozentrisches Weltbild favorisiert. Er war aber der erste, der es systematisch beschrieb. Kopernikus hatte noch angenommen, dass sich die Planeten kreisförmig um die Sonne bewegen. Diesen Irrtum konnte der deutsche Mathematiker Johannes Kepler später korrigieren, indem er die Kreisbahnen durch Ellipsen ersetzte.[22]

Kopernikus

Auch der deutsche Mystiker und Philosoph Nikolaus von Kues stellte das geozentrische Weltbild in Frage. Zugleich verwarf er wie Lucretius die Vorstellung eines begrenzten Universums: »Der Bau der Welt ist deshalb so, als hätte sie überall ihren Mittelpunkt und nirgends ihre Peripherie.«[23] Ohne es zu ahnen, landete von Kues mit diesem Gedanken einen Volltreffer. Er konnte damals noch nicht wissen, dass der Kosmos aus allen Richtungen gleichmäßig strahlt. Es ist aber genau diese Erkenntnis, die uns Physiker heute glauben lässt, dass der Kosmos keinen Mittelpunkt hat.

von Kues

Wieder war es Immanuel Kant, der den Raum nicht als erfahrbar auffasste, sondern als eine Voraussetzung für die Erfahrung. Wie die Zeit ließe sich auch der Raum nicht aus unserer Erfahrung wegdenken: »Der Raum ist eine notwendige Vorstellung *a priori,* die allen äußeren Anschauungen zum Grunde liegt. Man kann sich niemals eine Vorstellung davon machen, dass kein Raum sei, ob man sich gleich ganz wohl denken kann, dass keine Gegenstände darin angetroffen werden.«[24]

Es war der deutsche Mathematiker Bernhard Riemann, Schüler von Carl Friedrich Gauß, der im 19. Jahrhundert die Grundlagen für die Geometrie gekrümmter Räume entwickelte und vorstellte.[25] In gekrümmten Räumen hat das Parallelenaxiom keine Gültigkeit mehr. Riemanns Arbeiten waren nicht nur wegweisend für die Mathematik, sondern auch für die theoretische Physik. In einer der größten Errungenschaften der Physik übertrug Albert Einstein die neue Geometrie auf den allergrößten Raum, den wir uns vorstellen können: den Weltraum.

Riemann

Doch vor diesem Geniestreich stellte Einstein zunächst den absoluten Raum in Frage. In seiner speziellen Relativitätstheorie postulierte er neben der Relativität von Zeit auch die Relativität von Raum.[26] Demnach hängt die Länge eines Lineals auch davon ab, wie schnell ich mich relativ zu dem Lineal bewege. Wenn ich mich zum Beispiel mit 87 Prozent der Lichtgeschwindigkeit relativ zum Lineal bewege, ist es aus meiner Perspektive halb so lang wie ein Lineal, das ich mit mir führe – auch dann, wenn die Lineale baugleich sind! Ursache für diesen Effekt ist wieder die Tatsache, dass sich die beiden Lineale relativ zueinander bewegen.

Warum sich auch Raum so seltsam verhalten muss, lässt sich erneut mit einem kleinen Gedankenexperiment veranschaulichen. Abbildung 12 zeigt eine Stoppuhr, die sich mit

Fast-Lichtgeschwindigkeit an einem sehr langen, ruhenden Lineal vorbeibewegt. Aus der Perspektive des Lineals möge dieser Vorgang 15 Sekunden dauern. Die bewegte Stoppuhr zeigt aber nur zehn Sekunden an, weil sie aus der Perspektive des Lineals langsamer geht.

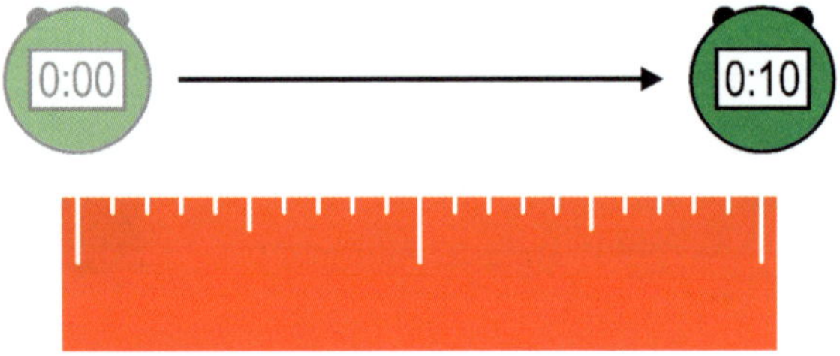

Abb. 12: Stoppuhr bewegt sich an Lineal vorbei

Abbildung 13 zeigt denselben Vorgang aus der Perspektive der Stoppuhr, das heißt, hier bewegt sich das Lineal an der Stoppuhr vorbei. Aus dieser Perspektive muss das Lineal kürzer sein, damit es sich in nur zehn Sekunden komplett an der Stoppuhr vorbeibewegen kann. Das in Abbildung 12 gezeigte, längere Lineal würde nämlich 15 Sekunden benötigen, um sich an der Stoppuhr vorbeizubewegen.

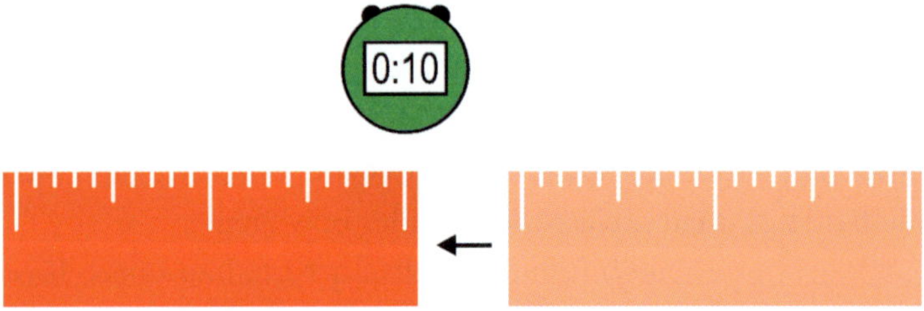

Abb. 13: Lineal bewegt sich an Stoppuhr vorbei

Ein Lineal ist also kürzer, sobald es sich relativ zu mir bewegt. Dieser Effekt wird in Einsteins Relativitätstheorie als »Längenkontraktion« (auf Deutsch: Längenverkürzung) bezeichnet. Signifikant ist der Effekt jedoch wieder erst bei extrem hohen Geschwindigkeiten kurz unterhalb der Lichtgeschwindigkeit.

Raum ist relativ, das heißt, Raum erstreckt sich nicht für alle Beobachter im Universum gleich. Wenn Sie sich relativ zu mir bewegen, ist Ihr Lineal aus meiner Perspektive kürzer. Ähnlich wie die relative Zeit lässt sich auch der relative Raum in einer Abbildung veranschaulichen. Der Übersicht halber zeigt Abbildung 14 jedoch nur eine von drei Raumdimensionen: die Länge. Zu sehen ist keine einzelne Länge mit absoluten Raumpunkten, sondern viele Längen mit relativen Raumdistanzen. Wiederum gilt: So eine Raumdistanz hat nicht für alle Beobachter denselben Wert. Verschiedene Beobachter messen nur dann denselben Wert für eine Distanz, wenn sie sich nicht relativ zueinander bewegen. Diese Voraussetzung trifft im Beispiel von Abbildung 14 nur auf die beiden linken Längenskalen zu.

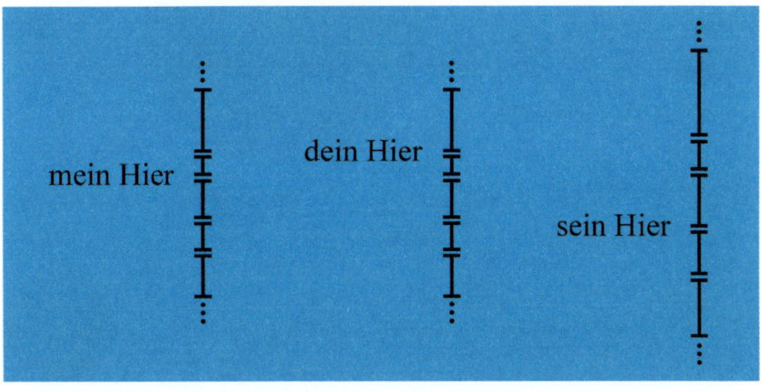

Abb. 14: Länge bestehend aus relativen Raumdistanzen

Im Jahr 1915, also zehn Jahre nach der speziellen Relativitätstheorie, veröffentlichte Albert Einstein die *allgemeine Relativitätstheorie.*[27] Darin zeigte er, dass Raum und Zeit nicht nur von der Perspektive eines Beobachters abhängen, sondern außerdem von der umgebenden Masse und Energie. Masse und Energie krümmen den Raum und verlangsamen die Zeit. Zum Beispiel lenkt die Schwerkraft der Sonne das Licht von entfernten Sternen ab (siehe Abbildung 15). Derselbe Stern, der sich für einen Beobachter auf der Sonne am Ort A befindet, erscheint einem Beobachter auf der Erde am Ort B. Während einer totalen Sonnenfinsternis im Jahr 1919 konnte dieser Effekt eindrucksvoll bestätigt werden.[28] Allen Wissenschaftlern war damit auf einen Schlag klar, dass der Weltraum gekrümmt ist und sich durch eine Geometrie im Sinne von Bernhard Riemann beschreiben lässt.

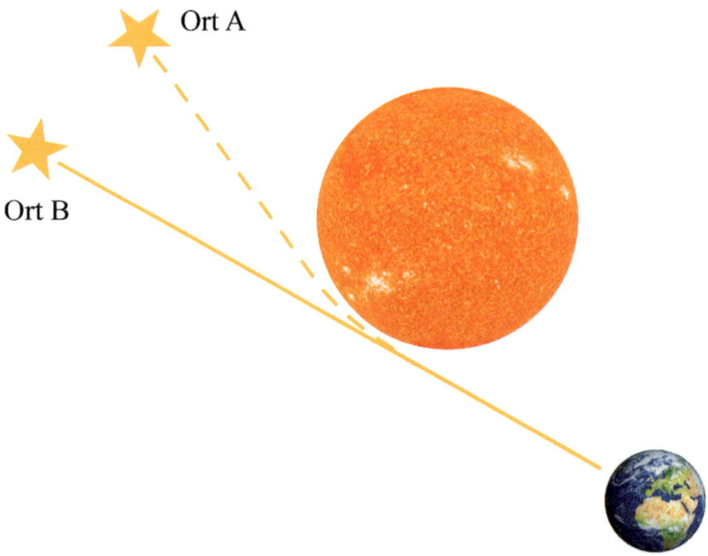

Abb. 15: Ablenkung eines Lichtstrahls durch die Sonne

Albert Einstein hatte schon sehr früh erkannt, dass sich Kants Erkenntnistheorie nicht mit der Relativität von Raum und Zeit verträgt: »Früher hat man geglaubt, wenn alle Dinge aus der Welt verschwinden, bleiben noch Raum und Zeit übrig. Nach der Relativitätstheorie verschwinden aber Zeit und Raum mit den Dingen.«[29] Waren der Raum und die Zeit bei Kant noch Voraussetzungen für die Erfahrung, so halten wir Physiker Raum und Zeit seit Einstein für Eigenschaften von Masse und Energie. Ja, Sie haben ganz richtig gelesen. Raum und Zeit existieren nicht unabhängig von Masse und Energie, sondern sie sind Attribute wie »bunt« oder »cool«! Als solche sind sie erfahrbar. Die zwei Eigenschaften Raum und Zeit sind sogar äußerst vielfältig, weil sie nicht für alle Beobachter gleich sind, sondern sich dehnen, verkürzen und krümmen lassen.

Im letzten Kapitel hatte ich erläutert, warum ich glaube, dass das Universum weder einen Anfang noch ein Ende hat. Ob es auch räumlich unbegrenzt ist? Wenn Raum gar nicht unabhängig von Masse und Energie existiert, kann er keine eigene Existenz haben, die irgendwo einen Mittelpunkt und einen Rand aufweist (wie in Abbildung 16).

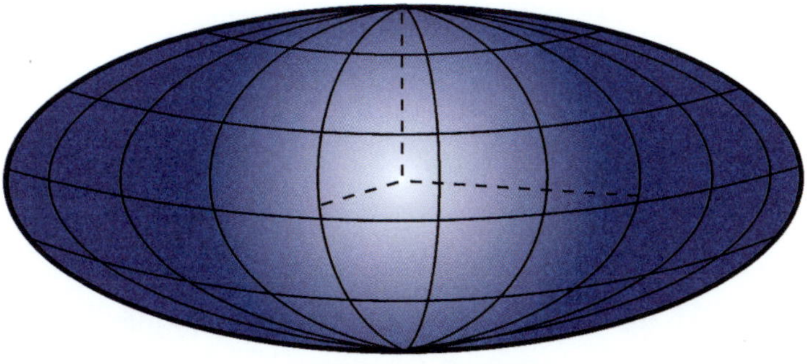

Abb. 16: Räumlich begrenztes Universum

Als Eigenschaft von Masse und Energie ist Raum vielmehr ein grenzenloses Geflecht aus räumlichen Distanzen. Jedes Objekt erzeugt gewissermaßen seinen eigenen Raum um sich herum (siehe Abbildung 17). Weil eine räumliche Distanz im Prinzip jeden beliebigen Wert annehmen kann, ist der Raum um jedes Objekt grenzenlos. Objekte bewegen sich also nicht im Raum, sondern sie erzeugen Raum. Ohne Masse und Energie gäbe es auch keinen Raum.

Abb. 17: Räumlich unbegrenztes Universum

Früher, als ich noch zur Schule ging, hatte ich geglaubt, dass der Weltraum irgendwo einen Rand haben müsse. Wer bis dorthin vordringt, würde an eine Mauer stoßen, die sich nicht überwinden lasse. Hinter der Mauer sei das Nichts. Ich hatte noch nie von Lucretius gehört, aber auch mir war der Gedanke irgendwie unheimlich, dass ich einen Ball nicht in alle Richtungen werfen kann, wenn ich am Rand des Weltraums stehe. Inzwischen weiß ich, dass diese unzulängliche Auffassung von Raum einen einfachen Grund hat: Wir können uns das Unendliche nicht vorstellen. Wenn wir abends in den Sternenhimmel schauen, blicken wir in die Tiefe des Weltraums. Doch es will partout nicht in unseren Kopf, dass dieser Raum gar keine eigene Existenz hat, sondern nur ein Attribut ist. Ähnlich erleben wir Zeit: Wir glauben, dass sie wie alles andere einen Anfang und ein Ende haben müsse. Es leuchtet uns partout nicht ein, dass auch Zeit keine eigene Existenz hat, sondern nur ein Attribut ist. Besser wäre es, wenn wir »Raum« und »Zeit« sprachlich nur als Adjektive verwenden wie bei den Begriffen »räumliche Distanz« und »zeitliche Distanz«.

Wenn ich Raum und Zeit mit Eigenschaften wie »bunt« oder »cool« vergleiche, erinnere ich damit an ein brillantes Buch des britischen Autisten Daniel Tammet: *Elf ist freundlich und Fünf ist laut.*[30] Tatsächlich glaube ich, dass Autisten komplexe Zusammenhänge besser begreifen können als Nicht-Autisten. Im folgenden Kapitel werde ich zeigen, wie ein Autist mich gelehrt hat, wer ich bin.

Nach den Sternen greifen

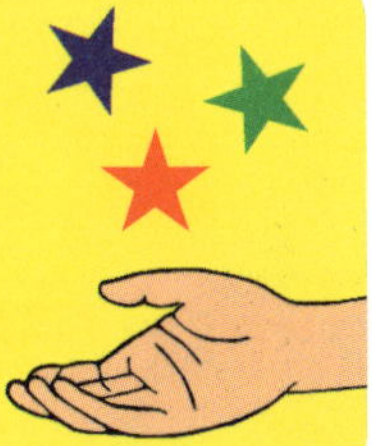

Der *absolute* Raum ist eine Illusion.
Raum besteht aus relativen Distanzen.
Der Weltraum hat keinen Rand.

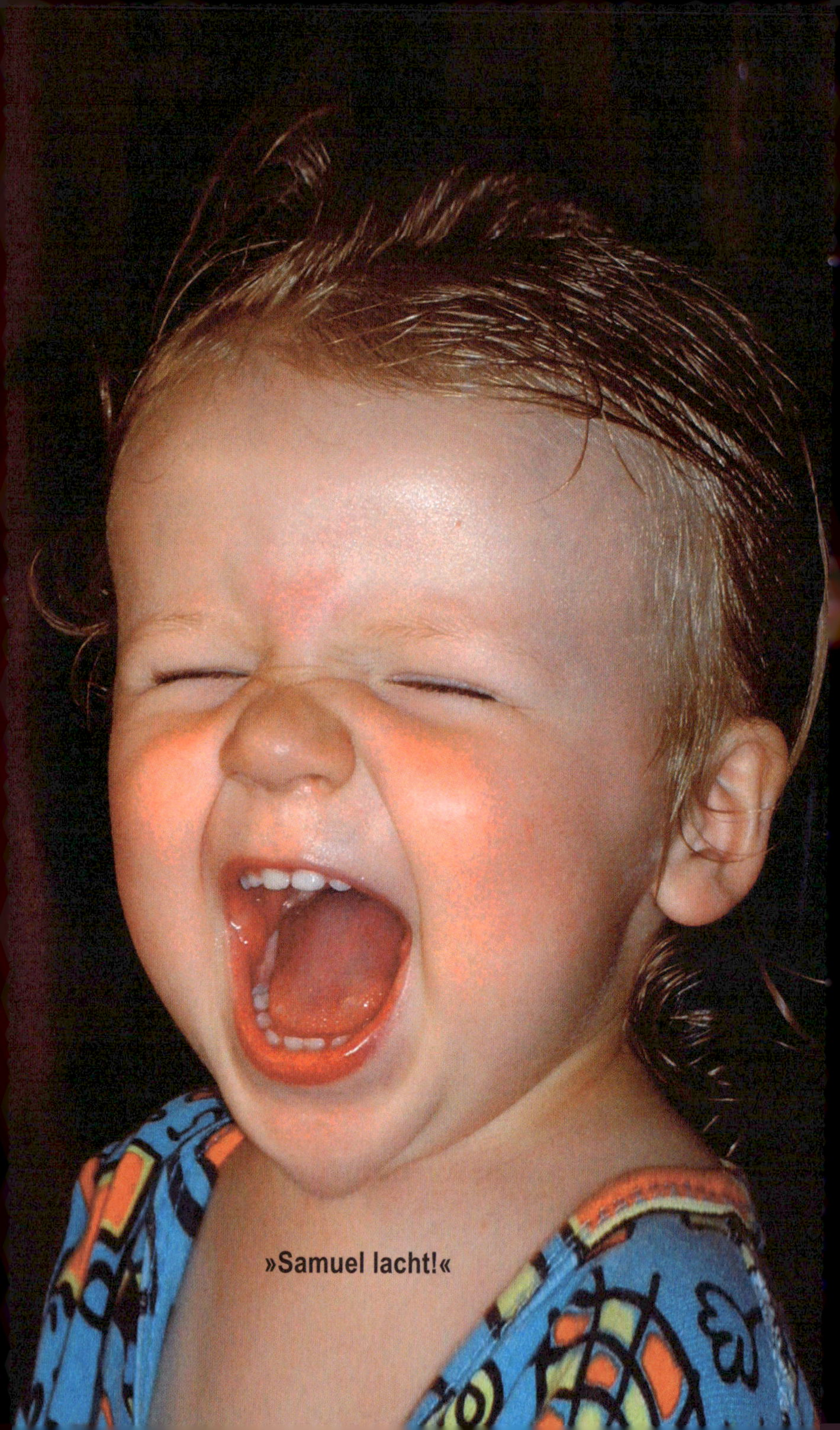

»Samuel lacht!«

Das personale Ich

Schon in meinem Buch *Sinn*[31] bin ich der Frage nachgegangen, wer oder was das Ich eigentlich sei. Meine Auffassung vom Ich hat sich seither nicht geändert. Im Gegenteil! Eine Reihe von neuen Erkenntnissen bestätigt mich heute darin, dass das personale Ich nur eine Illusion ist.

Den wertvollsten Hinweis gab mir unser Sohn Samuel. Er ist Autist und hat erst mit vier Jahren sprechen gelernt. Andere Kinder seines Alters kennen bereits den Unterschied zwischen »du« und »ich«, doch nicht Samuel. Über ein Jahr sprach er von sich selbst stets in der dritten Person. Wenn er sich im Spiegel Grimassen schneiden sah, war er das, was er gerade tat: »Samuel lacht!« Er identifizierte sich intuitiv mit einem Lachen und nicht mit einer Person. Dass er überhaupt sprechen gelernt hat, haben wir einem neuen Verfahren aus den USA zu verdanken:[32] *Applied Behavior Analysis/Verbal Behavior* (ABA/VB, auf Deutsch: Angewandte Verhaltensanalyse/Sprachverhalten). Für jeden Sprachlaut, den Samuel produzierte, wurde er mit einem blinkenden oder Geräusche machenden Elektrospielzeug belohnt. Auf diese Weise entdeckte er spielerisch seine Freude am Sprechen. Tatsächlich haben wir ihm die Sprache und den Begriff »ich« regelrecht antrainiert. Es war einer der schönsten Augenblicke in meinem Leben, als Samuel eines Tages mit dem Finger auf sich zeigte und freudestrahlend schrie: »Ich!«

Samuel hat anschließend noch viele Wochen gebraucht, um jedes Mal »ich« zu sagen, wenn er sich meinte. Das ist für einen Autisten, der sich stets klare Verhältnisse wünscht, nicht weiter verwunderlich. Wieso sollte er sich selbst »ich« nennen, wenn er doch hört, dass wir ihn mit »Samuel« oder »du« ansprechen?

Autisten sind oft sehr begabt. Sie verfügen über ein ausgezeichnetes Gedächtnis und können kleinste Änderungen oder Fehler schnell wahrnehmen. Deshalb werden sie gerne von Softwarefirmen eingestellt. Es fällt Samuel schwer, mit anderen Kindern zu kommunizieren, aber am Klavier ist er äußerst kreativ. Eine einmal gehörte Melodie greift er sofort auf und findet passende Harmonien. Mit nur sieben Jahren schreibt er eigene Kompositionen und verfasst kleine Texte über seine Vorstellung von Gott.

Es bestürzt mich zu lesen, dass Autismus in Psychiatrie-Büchern als »Ich-Störung« bezeichnet wird.[33] Ein Autist hat einen anderen Zugang zur Wirklichkeit als ein Nicht-Autist, aber sein Ich ist deswegen weder krank noch gestört. Auch Autisten fühlen und lernen. »Samuel lacht!« ist ein schönes Beispiel. Ein Psychiater dreht sich im Kreis, wenn er als ein Ich das Ich erforschen will. Wo steht denn geschrieben, dass ein Psychiater die Wirklichkeit richtig interpretiert? Aus der Perspektive eines Autisten dürfte das Verhalten eines Nicht-Autisten gestört wirken.

Womöglich wenden Sie ein, dass die Beschäftigung mit Autismus nicht geeignet ist, um etwas über das Ich zu erfahren. Doch ist das korrekt? Geben uns nicht gerade die Menschen, die »anders« sind, wertvolle Hinweise auf uns selbst? Ein Nicht-Autist glaubt oft zu wissen, wer er ist, aber wenn er das Wort »ich« auf eine Tafel schreibt, klingt es separiert und leer. Was soll es bedeuten?

Descartes

Wer oder was ist Ich? Über diese Frage haben sich schon viele berühmte Philosophen, Dichter, Psychologen und Naturwissenschaftler ihre Köpfe zerbrochen. Die vielleicht bekannteste Bemerkung über das Ich stammt vom französischen Mathematiker und Philosophen René Descartes: »Ich denke, also bin ich.«[34] Seine Folgerung mag uns zunächst schlüssig erscheinen, aber beim genauen Hinsehen entpuppt sie sich als sogenannter *Zirkelschluss.* Die Feststellung »ich denke« setzt nämlich bereits ein Ich voraus. Daraus lässt sich nicht folgern, dass das Ich unabhängig vom Denken existiert.

Fichte

Anders als René Descartes leitete der deutsche Philosoph Johann Gottlieb Fichte das Ich vom Handeln ab: »Das Ich setzt sich selbst. Es ist zugleich das Handelnde und das Produkt der Handlung.«[35] Damit tappte Fichte nicht in die gleiche Falle, in die noch Descartes gestolpert war. Geschickt verknüpfte er Ursache und Wirkung zu einem Ganzen: dem Ich. Gleichwohl blieb uns auch Fichte den Beweis schuldig, dass seine Ich-Konstruktion wirklich existiert. Sie wirkt wie die abstrakte Definition von etwas, das wir wahlweise »Ich« nennen können oder eben nicht. Der holländische Philosoph Baruch de Spinoza hatte Ursache und Wirkung in ähnlicher Weise kombiniert. Allerdings meinte er damit nicht das Ich, sondern Gott. Spinoza sprach von der *natura naturans,* also der schöpferischen Natur.[36] In Spinozas Pantheismus ist sie Schöpfer und Schöpfung zugleich. Ist das Ich nur ein Phantom, in dem sich die Natur ihrer selbst bewusst wird?

Dass die Natur fähig ist, sich ihrer selbst bewusst zu werden, war genau die Denke des deutschen Philosophen Friedrich Schelling. Er integrierte das Geistige vollständig in die Natur. Sie sei kein starres Sein, sondern im Werden begriffen. In Schellings Naturphilosophie entwickelt sich Bewusstsein nicht allmählich, sondern sprunghaft aus der unorganischen zur organischen Welt.[37] Die höchste Stufe dieses Prozesses bilde der Mensch, weil er es sei, in dem sich die Natur ihrer selbst bewusst werde. Daneben gäbe es auch einen Prozess der Weltgeschichte, an dessen Ende »Gott sein wird«.[38] Für Schelling stand also außer Frage, dass selbst Gott eine Entwicklung vollzieht. Im Gegensatz zu Spinoza trennte er aber strikt zwischen Natur und Gott. Die Kunst begriff Schelling als das Ziel der Schöpfung. In ihr vollende sich das Selbstbewusstsein der Natur, das Ich. Kunst sei »die einzige und ewige Offenbarung, die es gibt.«[39]

Schelling

Auch David Hume, Philosoph und Ökonom aus Schottland, hat intensiv über das Ich nachgedacht. Anders als Descartes und Fichte kam er aber zu dem Schluss, dass es gar kein Ich gibt. Gäbe es nämlich ein Ich, so müsste es auf einem konstanten Sinneseindruck beruhen. Nach Hume existiert jedoch nur eine Abfolge von Sinneseindrücken – nichts Konstantes, das mit einem Ich gleichgesetzt werden könnte.[40] Mit seinen Schriften hat Hume den Weg für viele moderne Auffassungen vom Ich geebnet, kam aber selbst nicht auf die Idee, ihn zu gehen: Wenn das Ich nicht statisch sein kann, dann ist es

Hume

womöglich dynamisch – ein Prozess! Ein Siebzigjähriger ist nicht mehr derselbe Mensch, der er als Zehnjähriger war. Er hat andere Gedanken, andere Gefühle und sogar einen anderen Körper. Die meisten Zellen in unserem Körper erneuern sich alle paar Jahre, ohne dass wir es bemerken.[41] Zum Beispiel schreibt die Mutter der Tennislegende Steffi Graf über deren Vater: »Er hat sich schlicht und einfach verändert. Er war irgendwann nicht mehr der, den ich geheiratet habe.«[42] Jedes Ich verändert sich, solange es existiert. Dass es dabei dennoch seine Identität bewahrt, stimmt wohl nur im Rahmen unserer Rechtsprechung.

Rimbaud

Die Vorstellung, dass ich ein Prozess bin, ist gewöhnungsbedürftig. Es wäre hilfreich, wenn wir dem Ich ein dynamisches Wort zuweisen könnten, aber unsere Sprache lässt das nicht zu. Sie kennt nur das statische Pronomen »ich«, jedoch kein dynamisches Verb »ich-en«. Dennoch gibt es einen ganz simplen Trick, wie wir unsere Aufmerksamkeit vom Ich hin zu einer Tätigkeit lenken können. Der französische Dichter Arthur Rimbaud macht es uns vor: »Es ist falsch zu sagen: Ich denke. Man müsste sagen: Es denkt mich.«[43] Eigentlich wollte Rimbaud damit zum Ausdruck bringen, dass ich nur das Gedachte bin und nicht der Denkende, wie es Descartes angenommen hatte. Rimbauds Eingebung ist aber noch viel tiefsinniger. Indem er das Subjekt »ich« zum Objekt macht, tritt die Tätigkeit des Denkens in den Vordergrund. Autogenes Training und viele Meditationstexte machen sich genau diesen Trick zunutze, wenn sie uns die folgende Redeformel abverlangen: »Es atmet mich.« Dabei verlagert der Meditierende seine Aufmerksamkeit auf das Atmen. Bei manchen

Verben sind uns sogar beide Varianten geläufig: »Ich freue mich« und »es freut mich«. Probieren Sie es doch bei Ihrem nächsten Vorhaben aus, indem Sie dieses in den Mittelpunkt stellen! Es tanzt mich …

Ludwig Feuerbach, ein deutscher Philosoph, machte das Ich nicht mehr am Denken fest, sondern am Fühlen: »Ich fühle, also bin ich.«[44] Feuerbach betrachtete das Fühlen als das wesentliche Merkmal des Seins. Das Denken beziehe sich nur auf das, was nicht ist. Deshalb nannte er das Ich »eine Sache des Herzens«, also des Gefühls, und das Denken eine »Sache des Kopfes«.[45] Feuerbach kritisierte die Art und Weise, wie Philosophen seit Descartes der Natur begegneten. Wenn der Geist stets das Primäre sei, die Materie nur Sekundäres, dann werde die Natur abgewertet. Dieser Geringschätzung der Natur setzte Feuerbach sein ästhetisches Gefühl entgegen. Feuerbachs Kritik an der Höherstellung des Geistes ist durchaus gerechtfertigt. Gefühle bestimmen nicht nur unser Handeln, sondern auch unser Denken. Fraglich ist aber, ob das Denken dem Fühlen immer untergeordnet ist. Immerhin können Gedanken auch Gefühle wie Empathie oder Furcht hervorrufen.

Feuerbach

Der österreichische Arzt Sigmund Freud befasste sich erstmals systematisch mit der Identität des Menschen. Er unterteilte die menschliche *Psyche* in insgesamt drei Strukturen:[46] 1) ein unbewusstes *Es,* das die Instinkte und Triebe umfasst; 2) ein bewusstes *Ich,* das fühlt, denkt und sich erinnert; und

Freud

3) ein *Über-Ich,* das die Funktion des Gewissens einnimmt und erworbene Vorstellungen von Gut und Böse beinhaltet. Nach Freud entstehen das Ich und das Über-Ich aus dem Es. Sein Strukturmodell der Psyche wird bis heute sehr kontrovers diskutiert. Es ist Freuds Verdienst, die Erforschung des Unbewussten angepackt zu haben. Die Wissenschaftlichkeit seiner Methoden wird aber oft in Frage gestellt.

Moderne Psychoanalyse begreift den Menschen als ein Wesen, das ein *Ich-Gefühl* und ein begriffliches *Selbstbild* entwickelt. Das Ich-Gefühl entspringe der Erfahrung, dass ich einen eigenen Körper habe, die Welt aus einer eigenen Perspektive sehe und auch Urheber eines eigenen Handelns bin. Das Selbstbild entstehe durch die Fähigkeit, die eigenen Überzeugungen und Wünsche von denen anderer abzugrenzen. Zahlreiche Tiere könnten den eigenen Körper in einem Spiegel wahrnehmen, hätten aber im Gegensatz zum Menschen kein Wissen über sich selbst. Es war der österreichische Psychoanalytiker Heinz Hartmann, der den Begriff des Selbst in die Psychologie einführte.[47] Jedoch ließ sich auch das Selbst bis heute nicht dingfest machen.

Logisch betrachtet ist »selbst« ein unscharfer Ausdruck. Der griechische Gelehrte Epimenides hatte bereits erkannt, dass eine Behauptung nicht entscheidbar ist, wenn sie etwas über sich selbst aussagt.[48] Beispielsweise ist die Behauptung »diese Aussage ist falsch« weder wahr noch falsch. Falls sie wahr wäre, würde sie sich selbst als falsch erklären; falls sie falsch wäre, würde sie sich selbst als wahr erklären. Ob der Begriff des mit sich identischen Selbst geeignet ist, um dem Ich auf die Schliche zu kommen, ist also fragwürdig.

Es ist wohl die Faszination, die insbesondere die Hirnforscher beflügelt, die Analyse ihres eigenen Ich noch nicht aufzugeben. Mit speziellen, bildgebenden Verfahren untersuchen sie die Aktivitäten des Gehirns – mit denkwürdigem Ergebnis. Es soll nicht bloß *ein* Ich geben, sondern mehrere Ich-Zustände, die sich in unterschiedlichen Gehirnregionen nachweisen lassen: ein *Körper-Ich,* das mich meinen Körper spüren lässt; ein *Verortungs-Ich,* das mir meine Position im Raum vermittelt; ein *perspektivisches Ich,* das mich als ein Zentrum erleben lässt; ein *Handlungs-Ich,* das mich meine Tätigkeit wissen lässt; ein *autobiografisches Ich,* das mich stets dieselbe Person sein lässt; ein *reflexives Ich,* das mich über mich nachdenken lässt; ein *ethisches Ich,* das meinem Gewissen entspricht.[49] Diese Ich-Zustände könnten bei verschiedenen Menschen unterschiedlich stark ausgeprägt sein. Doch auch diese Auffassung vom Ich wirft eine Reihe von Fragen auf: Kann sich das Ich wirklich selbst untersuchen? Lässt sich das Ich in verschiedene Komponenten zerlegen? Ist das Ich ein »unglaublich komplizierter Vorgang im Gehirn«, wie es der deutsche Philosoph Richard David Precht ausdrückt?[50]

Weder Philosophen, noch Psychologen, noch Hirnforscher haben das Geheimnis des Ich bis heute lüften können. Physikern wird das auch nicht gelingen, zumal das Ich gar kein Gegenstand der Physik ist. Dennoch können Physiker zu dieser Diskussion beitragen, vor allem dann, wenn es um das Aufdecken von Zusammenhängen geht. Spätestens mit der *Quantentheorie* haben wir Physiker nämlich gelernt, wie wichtig es ist, ganzheitlich zu denken. Die Quantentheorie wurde in den Jahren 1925 bis 1935 von mehreren brillanten Physikern erarbeitet, insbesondere von Werner Heisenberg, Erwin Schrödinger, Niels Bohr, Max Born und Paul Dirac. Den Anstoß für die Quantentheorie gab jedoch der deutsche Physiker Max Planck bereits im Jahr 1900, als er eine sehr gewagte Annahme machte:[51] Energie lässt sich nicht kontinuierlich austauschen, sondern nur sprunghaft in sogenannten *Quanten*. Werner Heisenberg[52] und Erwin Schrödinger[53] gelang es, diese bahnbrechende Hypothese in eine geeignete Theorie einzubetten.

Bevor ich gleich den Bezug der Quantentheorie zum Ich herstelle, möchte ich sie würdigen: Sie ist neben der Relativitätstheorie die zweite Säule, auf denen die moderne Physik beruht. Die Quantentheorie hat uns mehrere technische Errungenschaften beschert wie den Fernseher, den Computer, den Laser, das Elektronenmikroskop und die Kernkraft. Daran lässt sich gut erkennen, dass diese Theorie kein Hirngespinst der Physik ist, sondern eine adäquate Beschreibung der Wirklichkeit ermöglicht. Die Wirklichkeit schließt aber das Ich mit ein; und genau das ist der Grund, weshalb diese physikalische Theorie auch dem Beobachter (dem Ich) eine zentrale Rolle zuweist. Die wichtigste Botschaft der Quantentheorie lautet nämlich, dass wir in dieser Welt keine unbeteiligten Zuschauer sind. Jeder Beobachter ist untrennbar mit seiner Umgebung verbunden. Sie beide wechselwirken pausenlos miteinander, das heißt, die Umgebung wirkt auf ihren Beobachter, aber ein Beobachter wirkt auch auf seine Umgebung. Das Ich und die Natur bilden eine untrennbare, sich entwickelnde Einheit. Deshalb ist das *personale* Ich – das Ich als eigene Identität – eine Illusion.

Somit ist das Ich weder ein Subjekt (wie in der Philosophie bei Descartes) noch ein Objekt (wie in der Psychologie oder Hirnforschung). Es ist jedoch auch nicht Subjekt und Objekt zugleich wie bei Fichte. Das Ich kann bloß als Verb umschrieben werden, nämlich als das Wechselwirken eines Körpers mit seiner Umgebung: Ich bin ein Agieren und ein Reagieren. Demnach ist das Ich tatsächlich ein Prozess. Es vollzieht sich, um etwas zu erschaffen!

Ich bin also keine Person, sondern eine Tätigkeit. Vielleicht denken Sie jetzt, der Niemz fantasiert. Zu dumm, dass ich meine Annahme nicht beweisen kann. Ich lade Sie aber herzlich ein, kurz über Ihr eigenes Ich nachzudenken: Was macht Sie zu einem Ich? Vielleicht Ihr Körper? Ich bestreite nicht, dass Sie einen Körper haben. Ausschlaggebend ist das Wort »haben«: Sie *haben* einen Körper, aber Sie *sind* nicht Ihr Körper. Sie fühlen und lernen mit Ihrem Körper, indem Sie atmen, trinken, essen, sehen, hören, riechen, schmecken, tasten, kommunizieren, sich bewegen, sich erinnern, gestalten, denken und noch vieles mehr.

Wenn Sie somit nicht Ihr Körper sind, was ist dann Ihr Ich? Vielleicht Ihre Gefühle und Erfahrungen, also das, was Sie fühlen und lernen? Ich bestreite gar nicht, dass Sie auch über diese Zutaten verfügen, wobei ich die Liebe (Ihr wertvollstes Gefühl) und die Erkenntnis (Ihre wertvollste Erfahrung) als Ihre »Seele« bezeichne. Meine Beweggründe für diese Definition werde ich in einem späteren Kapitel erläutern. Doch wieder gilt: Sie *haben* eine Seele, aber Sie *sind* nicht Ihre Seele. Die Seele speichert die höchsten Werte, die Sie in Ihrem Leben erschaffen.

Wer oder was ist also das Ich? Im Grunde ist die Antwort ganz einfach: Ich bin genau das, was meine Seele mit Inhalt füllt. Und was füllt meine Seele mit Inhalt, das heißt mit Liebe und Erkenntnis? Ein Fühlen und Lernen! *Ich bin ein Fühlen und Lernen,* also ein Verb. Womöglich wenden Sie jetzt ein, dass Sie sich in einem Spiegel als eine Person wahrnehmen und nicht als ein Verb. Doch stimmt das auch? Sind das wirklich Sie im Spiegel, oder ist es vielmehr eine Abbildung von Ihrem Körper und Ihrer Kleidung? Kann Ihr Spiegelbild etwas fühlen und lernen? Verfügt es auch über Gefühle und Erfahrungen?

Völlig abwegig kann meine Auffassung vom Ich nicht sein. Sie beruht auf der Feststellung, dass das Ich stets nur in Verbindung mit einer Tätigkeit existiert. Zudem bietet sie endlich eine schlüssige Erklärung, weshalb sich nirgendwo im Körper ein Ich-Zentrum auffinden lässt: Lokalisierbar ist ein materielles Subjekt oder Objekt, aber kein Verb. Probieren Sie es aus, falls Sie skeptisch sind! Charakterisieren Sie sich so, wie Sie sich in den letzten 15 Minuten erlebt haben: Ich las, ich lernte, ich fühlte, ich dachte. Fällt es Ihnen auf? Ihr Ich existiert nur in Verbindung mit Tätigkeiten. Weil es sich nicht davon isolieren lässt, lebt es durch sein Tun.

Samuel versteht es, seine Gefühle mit dem ganzen Körper zu zeigen. Wenn er lacht, hüpft er jedes Mal vor Freude und wedelt mit seinen Armen. In so einem Augenblick identifiziert sich nicht nur Samuel mit seinem Lachen – auch ich setze ihn dann mit seinem Lachen gleich. Während Samuel über das ganze Gesicht strahlt, spüre ich geradezu, wie sich die Natur freut, dass sie fühlen und lernen kann. Das Fühlen und Lernen der Natur sind wir!

Nach den Sternen greifen

Das *personale* Ich ist eine Illusion.
Ich *habe* einen Körper und eine Seele.
Ich *bin* ein Fühlen und Lernen.

Bibliothek der University of California at San Diego

Weg bin ich

Es ist Frühling 1988. Ich studiere im achten Semester Physik an der Universität Heidelberg. Auf der Suche nach einer reizvollen Diplomarbeit lerne ich Prof. Dr. Josef Bille kennen, den Direktor des Instituts für Angewandte Physik. Ich erzähle ihm von meinem Interesse an der Lasermedizin, und wir kommen ins Gespräch. Er fragt mich, ob ich schon mal einen eigenen Laser zusammengebastelt habe, was ich verneine. Ich hatte Erfahrung im Bau elektrischer Schaltungen, aber die Konstruktion eines Lasers hatte ich mir bisher noch nicht zugetraut. Herr Bille erzählt mir von einem neuartigen Laser, dem eine große Zukunft in der Medizin vorausgesagt wird. Er heißt *Er:YAG* (sprich: »Erbium:YAG«) und strahlt im infraroten, also unsichtbaren Spektralbereich.[54] Weil sein Licht stark von Wasser absorbiert wird, soll er sich bestens zum Schneiden von biologischem Gewebe eignen. Ich bin sofort Feuer und Flamme.

Im Grunde besteht ein Laser aus nur drei Komponenten: dem Lasermedium (zum Beispiel einem Laserkristall), zwei Spiegeln und einer Energiezufuhr. Wenn das Lasermedium zwischen die Spiegel gestellt und mit ausreichend Energie versorgt wird, kann ein sehr intensives Lichtfeld entstehen: Laserlicht. Es wird von den Spiegeln hin und her reflektiert, und mit jeder Passage durch das Lasermedium nimmt seine Intensität zu. Dazu müssen die zwei Spiegel exakt parallel zueinander ausgerichtet sein (siehe Abbildung 18). Der eine Spiegel reflektiert das Licht zu 100 Prozent; der andere ist teildurchlässig, damit das Laserlicht außerhalb der Spiegel genutzt werden kann.

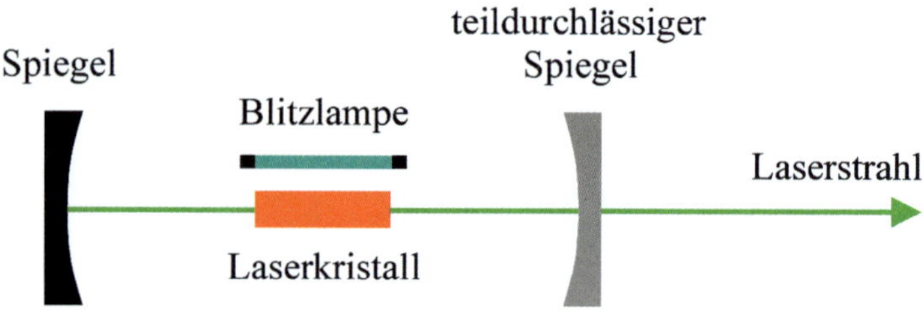

Abb. 18: Aufbau eines Lasers

Ich bestelle alle notwendigen Komponenten und lasse in der mechanischen Werkstatt eine Schiene bauen, auf der ich den Laser justieren kann. Zur gleichen Zeit erfahre ich von einem neuen Studiengang *Bioengineering* an der *University of California at San Diego (UCSD)* und dem Vorsprung der US-Amerikaner in der Lasermedizin. Es dauert nicht lange, und mein Entschluss steht fest: Zusätzlich zu einem Diplom in Physik will ich den *Master of Science* in *Bioengineering* erwerben. Meinen Laser werde ich in den USA zusammenbauen und dort über mögliche Anwendungen in der Medizin forschen. Als Stipendiat der Studienstiftung des Deutschen Volkes bekomme ich unbürokratisch die relativ hohen amerikanischen Studiengebühren und ein Flugticket bezahlt. Ich packe meinen Koffer, verstaue die Einzelteile des Lasers im Handgepäck und betrete ohne Sicherheitskontrollen amerikanischen Boden. Noch ahne ich nicht, dass mich eines der spannendsten Jahre meines Lebens erwartet.

Bis zum Beginn der Vorlesungszeit wohne ich bei einer Gastfamilie. Von dort aus erkunde ich den riesigen Universitätscampus und bewerbe mich im *International House* um eine Studentenbude. Meine Bereitschaft, die wöchentlichen Barabende als »Pianoman« zu bereichern, beschert mir den gewünschten Erfolg: Zusammen mit einem US-Amerikaner und einem Südkoreaner darf ich mir ein geräumiges Appartement teilen. Schnell lerne ich viele Kommilitonen aus der ganzen Welt kennen und bekomme Einblicke in Kulturen, die mir bis dahin noch völlig fremd waren.

Anfang September fangen die Vorlesungen an. Alles ist neu für mich, doch ich werde gleich mehrfach positiv überrascht: Pro Jahr werden nur 30 Masterstudenten aufgenommen, das heißt, es wird in kleinen Gruppen unterrichtet. Die Atmosphäre zwischen Studierenden und Professoren ist sehr persönlich. Der Vorlesungsstoff orientiert sich an der aktuellen Forschung und nicht an Jahrzehnte alten Lehrbüchern. Das Angebot an Vorlesungen, die ich mir für den *Master of Science* anrechnen lassen darf, ist vielfältig. Ich belege nicht nur innovative Fächer wie Biomechanik, Mikrozirkulation und Zellbiologie, sondern sammle auch Credits beim Windsurfen im Pazifik und beim Singen im Gospelchor! Unsere mitreißenden Konzerte und Auftritte in lebendigen Gottesdiensten werde ich nie vergessen.

Zwischen alledem tüftele ich eifrig an meinem Laser. Er ist eine große Herausforderung für mich. Obwohl ich seinen Aufbau gründlich durchdacht habe, kann immer noch vieles schief gehen. Anfang Oktober ist es endlich soweit. Laserkristall, Spiegel und Blitzlampe sind justiert. Ich schalte das Netzgerät ein und … NICHTS. Wie heißt es doch so schön? »Chemie ist, wenn es knallt und stinkt – Physik ist, wenn es nie gelingt.« Schnell stellt sich heraus, dass mein Netzgerät nicht für den Betrieb dieser speziellen Blitzlampe geeignet ist. Ich löte zusätzliche, elektronische Bauteile ein und wage einen zweiten Versuch. Diesmal beginnt die Blitzlampe zu flackern. Langsam drehe ich die elektrische Spannung hoch, justiere vorsichtig beide Spiegel und …

Es ist Mittwoch, der 12. Oktober, 14 Uhr 32. So steht es in meinem Laborbuch. Der erste Laserschuss! Das Loch auf einer schwarz bedruckten Seite des Telefonbuchs von San Diego ist der Beweis. Welch eine Freude! Ich bin ganz aus dem Häuschen. Mein bisher größtes, von Grund auf durchdachtes, wissenschaftliches Experiment ist geglückt. Für ein paar Augenblicke vergesse ich alles um mich herum. Ich bin mir nicht bewusst, dass ich 10 000 Kilometer Luftlinie von meiner Heimat entfernt bin, dass meine Freunde in Deutschland schon schlafen und dass ich mich heute eigentlich noch auf einen Test in Biomechanik vorbereiten wollte. Weg bin ich. Völlig weg!

Dass mir heute immer noch so viele Details gegenwärtig sind, habe ich einem Semesterbericht zu verdanken, den ich damals für die Studienstiftung verfasst hatte. Darin ist alles dokumentiert – auch die Uhrzeit des ersten Laserschusses. Natürlich war ich in meiner Euphorie nicht körperlich weg, aber doch geistig. Für kurze Zeit befand ich mich in einem außergewöhnlichen Zustand: Ich hatte mich selbst verloren und dadurch alles gewonnen. Dieser Zustand lässt sich am besten mit dem Begriff »Hingabe« umschreiben. Indem ich mich komplett hingab, war ich in die höchsten Sphären der Wissenschaft vorgedrungen. Ich verfügte plötzlich über das

Wissen, wie ein Laser wirklich funktioniert. Dieses Wissen hätte ich mir in keiner Vorlesung und in keinem Lehrbuch aneignen können. Es wurde mir zuteil, während ich die zwei Spiegel meines Lasers justierte und überhaupt nicht an mich dachte. In diesem Augenblick hätte ich die ganze Welt umarmen können. So überglücklich war ich über meinen ersten wissenschaftlichen Erfolg!

Als ich wieder bei Sinnen war, wurde mir die Tragweite des Erfolges richtig bewusst. Weil der Laser funktionsfähig war, konnte ich nun parallel für meine Diplomarbeit in Physik und für meine Masterarbeit in *Bioengineering* forschen. Für die Diplomarbeit bestimmte ich die optischen Parameter des Lasers, für die Masterarbeit untersuchte ich die Wechselwirkungen der Laserstrahlung mit biologischem Gewebe. Dafür fand ich an der Universität in San Diego die idealen Voraussetzungen vor. Schnell knüpfte ich Kontakte mit dem *Medical Center,* erhielt von dort geeignete Gewebeproben, bestrahlte sie mit meinem Laser und untersuchte die Laserschnitte mit modernen Elektronenmikroskopen. Vormittags hörte ich Vorlesungen, abends sang ich im Gospelchor oder spielte den »Pianoman«.

Ich blicke gerne auf dieses Jahr in San Diego zurück. Im Sommer 1989 wurde mir nach alter, amerikanischer Tradition in einem festlichen Akt und unter kalifornischer Sonne der *Master of Science* in *Bioengineering* verliehen. Zurück in Deutschland folgte im November 1989 die relativ nüchterne Aushändigung meiner Diplomurkunde in Physik. Wissenschaftliche Auszeichnungen und Titel sind mir heute nicht mehr wichtig. Es ist die Erkenntnis, die bleibt.

Mein selbst gebauter Laser öffnete mir Tür und Tor in ein Arbeitsgebiet, dem ich mich die kommenden zehn Jahre widmete. Mit unterschiedlichen Lasersystemen untersuchte ich sämtliche Wechselwirkungen zwischen Licht und biologischem Gewebe und stellte alle Fakten detailliert in einem Lehrbuch zusammen.[55]

Mein Team erforschte als erstes weltweit Anwendungen von ultrakurzen Laserpulsen in der Zahnheilkunde.[56] Diese haben den Vorteil, dass sie im Zahn keine Wärme erzeugen. Wir konnten zeigen, dass solche Laserpulse nicht nur eine schmerzfreie Behandlung von Karies ermöglichen, sondern auch noch eine simultane Diagnose.[57] Bei der Bestrahlung entsteht auf dem Zahn ein blaues Licht (siehe Abbildung 19 links), dessen Analyse die Unterscheidung zwischen gesunden und kariösen Zähnen erlaubt. Auch in qualitativen Tests schneiden die Laserbohrungen sehr gut ab (siehe Abbildung 19 rechts). Dass sich dieses Verfahren bislang nicht durchsetzen konnte, liegt vor allem an den vergleichsweise hohen Anschaffungskosten eines geeigneten Lasers. Mechanische Turbinen sind preiswerter. Selbst die örtliche Betäubung mit einer Spritze kostet nur ein paar Cent.

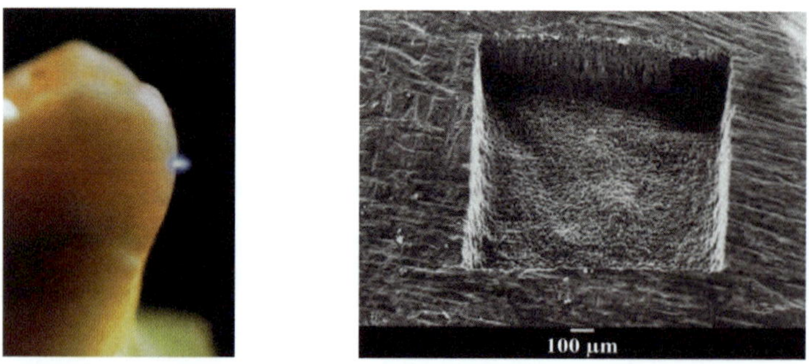

Abb. 19: Simultane Kariesdiagnose und -therapie

Immer wieder hatte ich Glücksmomente, wenn ich eine neue wissenschaftliche Entdeckung machte. Allerdings war meine Euphorie nie mehr so intensiv wie nach meinem ersten Laserschuss. In jenem Augenblick hatte ich erkannt, wie Wissenschaft funktioniert. Seither weiß ich, dass Erkenntnis das Ziel jeder Forschung ist und dass der Weg dorthin nicht immer geradlinig verläuft. Im Alltag musste ich aber schnell feststellen, dass nicht alle Kollegen so denken wie ich. Oft leidet die Forschung unter einem starken Konkurrenzkampf, und ungewöhnliche Denkansätze werden gar nicht ernsthaft diskutiert, weil nicht sein kann, was nicht sein darf. Objektive Wissenschaft zeichnet sich jedoch gerade dadurch aus, dass sie zunächst alles für möglich hält, um dann eines nach dem anderen auszuschließen, was nicht sein kann.

Die größten Entdeckungen entstehen immer dann, wenn ein Wissenschaftler derart in seinem Fach aufgeht, dass er sich selbst vergisst. Erst dadurch wird seine Forschung frei von den Vorurteilen in seinem Kopf, was wissenschaftlich noch akzeptabel sei und was nicht. Als Charles Darwin mit seiner Evolutionstheorie[58] die kirchlich geprägte Auffassung vom Menschen als »Krone der Schöpfung« in Frage stellte, wurde er zunächst für verrückt erklärt. Inzwischen ist nachgewiesen, dass wir vom Affen abstammen.[59] Albert Einstein erging es ähnlich. Er verwarf den absoluten Raum und die absolute Zeit und erntete dafür Spott und Hohn, bis ihm die totale Sonnenfinsternis im Jahr 1919 recht gab.[60] Selbst die Formulierung der Quantentheorie durch Werner Heisenberg und Erwin Schrödinger war eine schwere Geburt,[61] weil sie den Bruch mit der klassischen Physik bedeutete. Die großen Erfolge von Darwin, Einstein, Heisenberg und Schrödinger beruhen darauf, dass sie es gewagt hatten, wissenschaftliche Grundannahmen zu hinterfragen.

Ich vermute, dass wir auch heute wieder kurz vor einem solchen Paradigmenwechsel stehen. Die strikte Trennung in Körperliches einerseits (Naturwissenschaften) und Geistiges andererseits (Geisteswissenschaften) halte ich für überholt. Auslöser für den bevorstehenden Paradigmenwechsel ist die Botschaft der Quantentheorie, dass wir in dieser Welt keine unbeteiligten Zuschauer sind. Die Welt ist kein Schauspiel, dem wir zuschauen und das wir bis in kleinste Detail analysieren könnten. Wir sind die Schauspieler und verändern die Welt mit allem, was wir tun – auch wenn wir zuschauen und analysieren. Wir können die Welt also nicht dadurch verstehen, dass wir sie mikroskopisch in Elementarteilchen zerlegen oder makroskopisch in Himmelskörper gliedern. Selbst die Suche nach einer »Weltformel« ist zum Scheitern verurteilt,[62] weil sie etwas Wichtiges übersieht: uns! Dabei ist es zunächst irrelevant, ob ich mich als einen Körper, eine Seele oder ein Verb begreife. Entscheidend ist, dass ich und die Welt nicht unabhängig voneinander sind. Somit existiert gar nicht »die Welt«, die ich verstehen könnte, sondern nur ein »die Welt mit ich«.

Jetzt kommt die Auffassung vom Ich ins Spiel. Wer sich mit seinem Körper gleichsetzt, zieht eine deutliche Grenze zwischen sich (seinem Körper) und dem Rest der Welt. Wer sich mit seiner Seele oder Psyche gleichsetzt, zieht ebenfalls eine deutliche Grenze zwischen sich (seiner Seele oder Psyche) und dem Rest der Welt. Wer sich jedoch als das Fühlen und Lernen der Natur begreift, empfindet eine solche Grenze nicht. Er sieht die Natur und sich als »nicht zwei« (in der fernöstlichen Philosophie: *advaita*).[63] Er hat überhaupt nicht den Anspruch, den Rest der Welt verstehen zu wollen, weil »der Rest« für ihn gar nicht existiert. Die Ausdrucksweise »nicht zwei« ist deutlicher als »eins«; sie besagt, dass etwas nicht aufteilbar ist. Wir sind keine Teile der Natur, sondern wir sind Natur. Wenn etwas »eins« ist, könnte es sich noch aus mehreren Teilen zusammensetzen.

Ich wünsche mir, dass die Naturwissenschaft wieder zu ihren Wurzeln findet. Wissenschaftlicher Erfolg sollte *nicht* wie in der Wirtschaft nach Leistung gemessen werden, das heißt nach der Zahl von Publikationen, der Höhe von Fördermitteln oder dem »Ranking« von Universitäten, sondern einzig und allein nach Kreativität. Kreativität ist Schöpferkraft, die von innen kommt. Darum lässt sie sich nicht durch eine Exzellenzinitiative steigern. Exzellente Wissenschaftler sind solche, die sich nur der Erkenntnis verpflichtet fühlen, also weder der Wirtschaft noch der Politik.

Hingabe in der Wissenschaft führt zu Erkenntnis. Viele Menschen geben sich anderen Dingen hin: Alkohol, Nikotin, Drogen, Computerspielen, Waffen. Oder sie suchen ihre Erfüllung in privatem Eigentum und materiellem Luxus. Ob sich Glück auch darin finden lässt?

Nach den Sternen greifen

Ziel der Wissenschaft ist Erkenntnis.
Gewonnen wird sie durch Hingabe.
Die Natur und ich sind nicht zwei.

Luxus ist
Raubbau an der Natur,

Glück ist
ein Geschenk der Natur.

Das materielle Glück

Eine gelehrte Frau fragte ihre Schüler, in welchem Augenblick die Nacht endet und der Tag beginnt.

»Ist es, wenn ich aus großer Entfernung einen Porsche von einem Ferrari unterscheiden kann?«, wollte ein Schüler wissen. Doch die Frau wehrte ab.

»Ist es, wenn ich in meiner Hand ein iPhone von einem Galaxy unterscheiden kann?«, mutmaßte ein anderer Schüler. Die Frau begann zu schmunzeln, schüttelte aber wieder ihren Kopf.

»Was ist es dann?«, riefen alle Schüler im Chor.

Die Frau schaute jedem Einzelnen von ihnen tief in die Augen und sprach: »Es ist, wenn du in das Gesicht irgendeines Menschen blickst und darin deinen Bruder oder deine Schwester erkennst.«

Wer sich stets das neueste Smartphone, den schnellsten Flitzer oder den extravagantesten Urlaub auf einem Luxusdampfer wünscht, sucht sein Glück in materiellen Werten. Ich bin nicht gegen den technischen Fortschritt und möchte niemandem etwas streitig machen, das er sich mühsam erarbeitet hat. Allerdings gibt es triftige Gründe, weshalb ich glaube, dass auch das materielle Glück nur eine Illusion ist. Diese Gründe werde ich jetzt erläutern.

Was ist Glück? Selbst wenn sich diese Frage nicht mit dem Verstand allein beantworten lässt, gibt es naturwissenschaftliche Erkenntnisse, mit denen wir dem Geheimnis des Glücks auf die Spur kommen können. Das gilt insbesondere dann, wenn wir Glück als etwas auffassen, das unser Wohlbefinden langfristig fördert. Das Wohlbefinden beginnt im Körper. Lassen Sie uns also den eigenen Organismus etwas genauer betrachten! Wissenschaftler gehen heute davon aus, dass sich seine Struktur über sechs aufeinander aufbauende, materielle Ebenen erstreckt (siehe Abbildung 20).

Auf der ersten (tiefsten) Ebene vermuten wir die sogenannten *Quarks* – Grundbausteine der Materie, die sich aber nur im Verbund nachweisen lassen. Auf der zweiten Ebene bilden sie Kernbausteine wie *Protonen* und *Neutronen*, die sich auf einer dritten Ebene zu *Atomen* zusammenschließen. Auf der vierten Ebene verbinden sich Atome zu *Molekülen,* und auf der fünften Ebene Moleküle zu *Zellen.* Die sechste Ebene entspricht schließlich der äußeren Erscheinungsform *meines Körpers.* Er besteht aus etwa 50 Billionen Zellen,[64] von denen jede einzelne eine Aufgabe im Organismus übernimmt. Sinneswahrnehmung, Reizweiterleitung oder Muskelkontraktion sind nur einige Beispiele.

Solange alle meine Zellen harmonisch zusammenarbeiten, fühle ich mich physisch wohl. Doch bereits eine nicht mehr kooperierende Zelle kann für den ganzen Organismus fatale Folgen haben. Wenn nämlich eine Zelle beginnt, sich auf Kosten anderer mit Nährstoffen zu versorgen, gerät das Gleichgewicht schnell aus den Fugen. Benachbarte Zellen fühlen sich in ihrer Existenz bedroht und sichern sich ihrerseits Nährstoffe, die eigentlich für alle da sind. Wenn es den übrigen Zellen nicht gelingt, dieses egoistische Verhalten zu stoppen, entsteht Krebs.

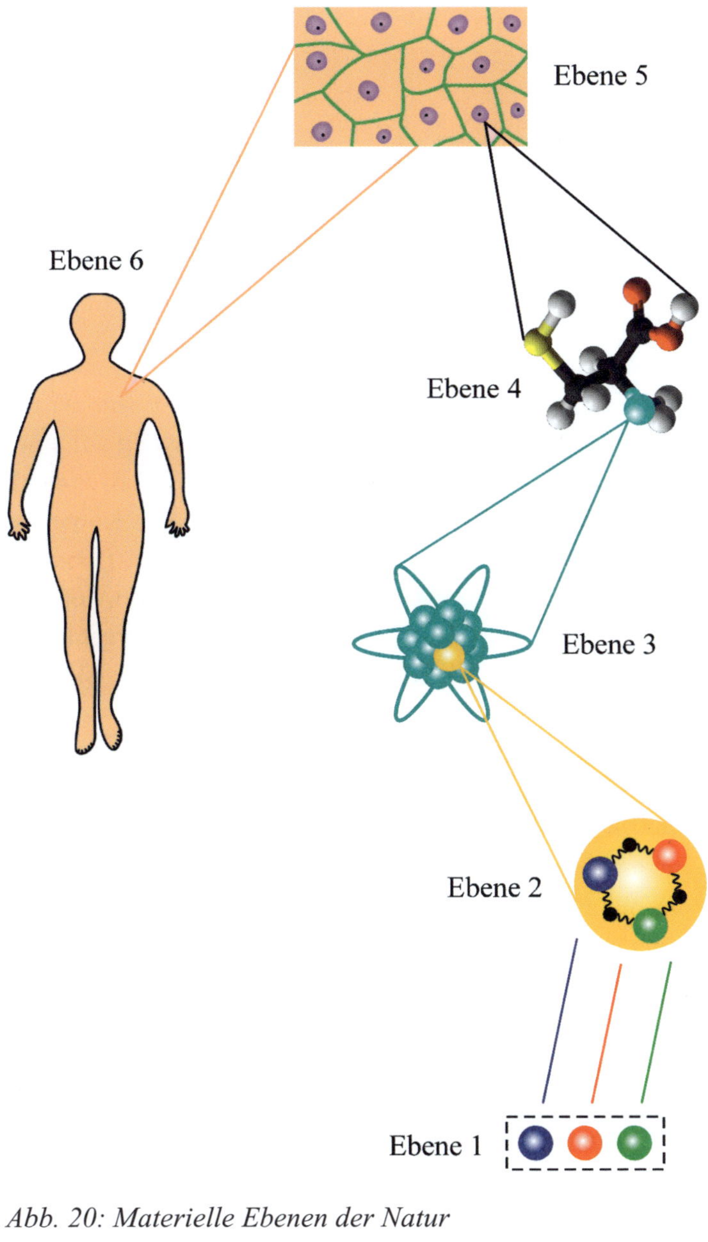

Abb. 20: Materielle Ebenen der Natur

Was hat das alles mit Glück zu tun? Ganz einfach: Die Krebszelle, die ihren eigenen Weg auf Kosten anderer geht, fühlt sich vielleicht wie im siebten Himmel, aber sie schätzt ihre Situation völlig falsch ein. Sie begreift überhaupt nicht, dass ihr Glück in erster Linie vom Wohlbefinden der anderen Zellen abhängt. Es nützt ihr nichts, wenn sie ihren Weg verwirklicht und dabei der große Organismus zugrundegeht, dem sie angehört.

Nun ist es äußerst unwahrscheinlich, dass unsere (sechste) Ebene die höchste Ebene der Natur ist. So eine Annahme entspräche der Sichtweise einer Zelle, die ihre Ebene für die höchste hält. Es liegt der Gedanke nahe, dass sich auf einer siebten Ebene alle Organismen zu etwas verbinden, das sich durch noch mehr Komplexität auszeichnet. Mein Körper ist gewissermaßen eine »Zelle« dieser siebten Ebene. Demnach finde ich mein Glück nicht in materiellen Werten, sondern indem ich mich für das Wohlbefinden anderer Organismen einsetze, mit denen ich meine Ebene teile. Ich muss also das Gemeinwohl im Auge haben, um glücklich zu sein!

Vom Einfallsreichtum der Natur haben wir uns schon in vielen Bereichen inspirieren lassen: Flugzeuge fliegen wie Vögel, Klettverschlüsse haften wie Kletten, Nanobeschichtungen weisen Schmutz und Wasser ab wie die Blätter einer Lotusblume (siehe Abbildung 21). Dieses Forschungsgebiet hat in den Naturwissenschaften sogar einen eigenen Namen: *Bionik* (Kunstwort aus »Biologie« und »Technik«). Es wird allerhöchste Zeit, dass wir nun auch unser Sozialverhalten am Vorbild der Natur orientieren. Wenn wir uns nicht bald dieser großen Herausforderung stellen, könnte die Menschheit frühzeitig aus dem Prozess der Evolution ausscheiden. Die ersten Krebszellen sind schon unter uns. Dazu zähle ich nicht nur Terroristen und Amokläufer, sondern auch solche, die sich auf Kosten ihrer Mitmenschen bereichern. Besonders bösartig sind diejenigen Zellen, die mit Rohstoffen und Immobilien spekulieren und andere verhungern lassen. Der Kapitalismus führt langfristig ins Verderben, weil sich dabei immer mächtigere Zellen (Konzerne) bilden, die nicht mehr kontrollierbar sind. Wenn sie von Habgier gesteuert werden, stellt ihre große Macht eine Gefahr für das gesamte System dar. Deshalb setzt die Natur nicht auf den Kapitalismus. Sie verteilt das Leben auf viele kleine Zellen und kann dadurch Fehlentscheidungen besser beheben.

Abb. 21: Natur als Vorbild

In den Gesprächen nach meinen Lesungen bekomme ich oft den Einwand zu hören, dass doch in der Natur das Recht des Stärkeren gelte und jedes Lebewesen demnach tun und lassen könne, was es will. Auf unserer Ebene mag die Evolution vielleicht diesen Anschein erwecken, aber tatsächlich liegt ihr ein viel brillanteres Prinzip zugrunde: Bis auf den Menschen handeln alle Lebewesen in erster Linie nicht für sich, sondern für den Fortbestand der eigenen Art. Dadurch (und nur dadurch!) bewirken sie das wohl Wichtigste überhaupt: Sie sorgen dafür, dass die Evolution als Ganzes fortschreiten und immer komplexere Lebewesen hervorbringen kann. Kein Tier kommt auf die Idee, diese Entwicklung mit Gewalt zu stoppen, indem es sich und Tausende seiner Artgenossen einfach so in die Luft sprengt. Tiere und Pflanzen werden dann zu »Mördern«, wenn sie sich und ihren Nachkommen das Überleben sichern wollen.

Vor einigen Jahren dachte ich noch, dass sich das soziale Miteinander am besten im Kommunismus verwirklichen lässt. Inzwischen habe ich erkannt, dass die Natur weit vom Kommunismus entfernt ist. Nicht jede Zelle meines Körpers erhält dieselben Nährstoffe und die gleiche Menge an Nährstoffen. Beides hängt vielmehr von der Aufgabe einer Zelle ab. Muskelzellen, die eine starke körperliche Arbeit verrichten, benötigen vor allem Energie. Nervenzellen haben einen höheren Bedarf an Spurenelementen. Alle Zellen teilen sich aber dasselbe Haus (meinen Körper), und keine Zelle muss hungern oder dürsten. Wenn wir als Menschen dafür sorgen, dass alle Artgenossen genügend zu essen, zu trinken und ein Dach über dem Kopf haben, kommen wir diesem Ideal ein großes Stück näher. Zudem schwächen wir damit die wichtigste Keimzelle der Fundamentalisten: die Unzufriedenheit. Das Argument, es gäbe für ein derartiges Vorhaben zu viele

Menschen, lasse ich nicht gelten. Wir könnten ausreichend viele Lebensmittel für alle haben, wenn wir es denn wollten. Was sind schon sieben Milliarden Menschen auf der großen Erde gegen 50 Billionen Zellen, die sich einen Körper von nicht mal zwei Metern Länge teilen müssen?

Wirtschaftlich betrachtet ist in meinem Körper also weder der Kapitalismus noch der Kommunismus verwirklicht. Weder dürfen sich meine Zellen nach Belieben an den verfügbaren Ressourcen bedienen, noch sind alle meine Zellen gleichgestellt. Im Grunde realisiert die Natur den goldenen Mittelweg einer sozialen Marktwirtschaft mit der Betonung auf »sozial«. Die Zellen meines Körpers arbeiten zusammen wie eine Großfamilie und sorgen gemeinsam für das Wohlbefinden aller Familienmitglieder. Sie achten einander, wie es manche Naturvölker heute immer noch tun. Bei anderen Menschen ist dieses Gespür für gegenseitige Fürsorge weitgehend verloren gegangen. Die Gründe dafür sind vielfältig. Habgier, die Triebfeder des Egoismus, gab es auch schon in der Antike und im Mittelalter. Mit der Industrialisierung hat sich aber die Zahl begehrenswerter Güter vervielfacht, und die Welle der Selbstverwirklichung bewirkte zusätzlich eine massive Überbewertung des Ich. Die Globalisierung könnte nun für viele Menschen eine große Chance sein, sich wieder als Mitglieder einer gemeinsamen Art zu fühlen – wenn es ihnen gelingt, ihre Vorurteile gegenüber anderen Kulturen und Religionen abzubauen. Andernfalls dürfte der Mensch irgendwann Geschichte sein. Wenn jeder nur noch an sich denkt, denkt bald niemand mehr an uns.

Seit es Leben auf der Erde gibt, hat sich ihre Oberfläche noch nie so rapide verändert wie in den letzten 100 Jahren. Verantwortlich dafür ist vor allem der Mensch mit seinem Raubbau an der Natur. Der technische Fortschritt hat einen hohen Preis: Weil die Oberfläche unseres Planeten begrenzt ist, verkraftet er keine beliebigen Eingriffe in sein Ökosystem. Wenn wir uns diesen Zusammenhang bewusst machen, erkennen wir, wie kurzsichtig das Streben nach materiellen Werten ist. Es mag angenehm sein, im Luxus zu schwelgen, aber einen übermäßigen Konsum kann sich die Menschheit nicht mehr lange leisten. Wir sollten sorgfältiger mit unserem kostbaren Lebensraum umgehen. Schon heute leidet die Trinkwasserqualität unter den Pestiziden und dem Müll, den wir produzieren, und Großstädte ersticken im dichten Smog (siehe Abbildung 22). Die Menschheit wird Suizid begehen, falls wir unseren Lebensstil nicht bald ändern.

Abb. 22: Folgen des übermäßigen Konsums

Das bedeutet nicht, dass wir auf alle Errungenschaften der Technik verzichten müssen. Im Gegenteil! Wir sollten die technischen Möglichkeiten nutzen, um unser Leben im Hinblick auf die verfügbaren Ressourcen effizient zu gestalten. Das Zauberwort diesbezüglich heißt »Nachhaltigkeit«. Wenn wir das Ökosystem im Gleichgewicht halten wollen, müssen wir für jeden Fisch, den wir verzehren, einen neuen züchten – und für jeden Baum, den wir fällen, einen neuen pflanzen. Das allein reicht jedoch noch nicht. Nachhaltig ist unser Handeln erst dann, wenn es den Tieren und Pflanzen auch gut geht. Die Natur lebt, und wie ein Mensch erholt sie sich am besten, wenn es ihr gut geht.

Nachhaltigkeit stellt sich ganz von selbst ein, wenn wir *achtsam* sind. Achtsamkeit bedeutet, bewusst zu leben und sich nicht seinem Verlangen hinzugeben. Wir leben heute in einer Zeit, in der viele Bedürfnisse in uns geweckt werden, die es früher noch gar nicht gab. Die meisten dieser Bedürfnisse sind materieller Art. Oft fällt es uns Menschen schwer, den Verlockungen zu widerstehen, und moderne Produktwerbung nutzt diese Tatsache schamlos aus. Wir sollten uns immer bewusst machen, dass Bedürfnisse, die von außen an uns herangetragen werden, keinerlei innere Erfüllung bieten können – also auch kein Glück. Es besteht sogar die Gefahr, dass wir daran zugrunde gehen, falls es sich um Suchtmittel (Alkohol, Nikotin, Drogen) handelt.

Nicht ohne Grund ist Achtsamkeit im Buddhismus eine wichtige Haltung auf dem Pfad zum Glück. Denn wer sich in Achtsamkeit übt, beginnt, das Leben wertzuschätzen, wie auch immer es verläuft. Wertschätzen ist ein Ausdruck von Liebe und Dankbarkeit – das Gegenteil von gedankenlosem Konsumieren. Menschen, die sich einen Wunsch nach dem anderen erfüllen oder von einem Event zum nächsten eilen, suchen ihr Glück in der Abwechslung. Leichtfertig ersetzen sie Altes durch Neues und erkennen nicht, dass sie auch mal innehalten und mit etwas zufrieden sein müssen, um glücklich zu sein. Wir alle kennen die Redewendung »wunschlos glücklich sein«. Der Schlüssel zum Glück ist in uns selbst! Wir müssen mutig sein, zum Wohl der anderen auf etwas zu verzichten, und schon sind wir glücklich.

In einer leistungsorientierten Gesellschaft fällt das nicht immer leicht. Schon in den Schulen werden unsere Kinder darauf getrimmt, sich gegen andere durchzusetzen statt sich füreinander einzusetzen. Bewertet wird der Lernerfolg eines Schülers, nicht sein Beitrag zum Wohl der anderen Schüler. Im Berufsleben setzt sich dieser Trend fort. Bei den meisten Firmen dreht sich alles um den eigenen Profit. Jede noch so kleine Leistung wird abgerechnet. Nur wenige Firmen setzen sich für die Natur oder das Gemeinwohl der Menschheit ein. Diese Einstellung färbt bereits auf das ganze öffentliche Leben ab. Wer bloß noch sein Vermögen und Börsenkurse im Kopf hat, läuft Gefahr, seine Umwelt zu vergessen. Kein Gesetz zwingt uns, immer nach Profit zu streben. Niemand verbietet es uns, auch mal auf etwas zu verzichten, das uns rechtmäßig zusteht.

Wir schaffen die falschen Vorbilder, wenn wir Manager und Sportler mit Millionengehältern entlohnen. Das weckt materielle Begehrlichkeiten und lockt viele Glücksuchende in eine Sackgasse. Wer über ein großes Vermögen verfügt, könnte mit dem besten Beispiel vorangehen, indem er sich an den eigenen Körperzellen orientiert. Keine gesunde Zelle beansprucht mehr Nährstoffe, als sie für ihre Aufgabe benötigt. Alle Überschüsse gibt sie bereitwillig an andere Zellen ab und profitiert ihrerseits vom Gemeinwohl, falls sie selbst irgendwann in einen Engpass gerät.

Wer immer noch an das materielle Glück glaubt, möge über den folgenden Gedanken reflektieren: Physikalisch ist Materie nicht mehr als ein Verbund aus Teilchen, zwischen denen eine große Leere ist; quantenphysikalisch sind selbst diese Teilchen nicht wirklich existent, sondern bloß Aufenthaltswahrscheinlichkeiten. Materielles Glück bestünde also aus einer Leere und Wahrscheinlichkeiten.

Materielle Werte mögen das Leben für meinen Körper vielleicht angenehm machen, aber Glück hat etwas mit dem großen Ganzen zu tun. Wenn jeder von uns ein Fühlen und Lernen der Natur ist, dann profitieren wir vor allem von der Existenz anderer. Zu zweit lässt sich mehr fühlen als allein, beispielsweise Liebe. Auch lernt es sich am besten mit und von anderen. Zum Glück gibt es diese anderen. Hoppla, wie war das doch gleich? Zum Glück! Unser Glück ist, dass es andere gibt, die unser Fühlen und Lernen vervielfachen.

Aber wie steht es um unsere Freiheit, wenn unser Glück von den anderen abhängt? Gibt es so etwas wie eine individuelle Freiheit, oder ist auch sie nur eine Illusion? Seien Sie gespannt auf das nächste Kapitel!

Nach den Sternen greifen

Das *materielle* Glück ist eine Illusion.
Achtsamkeit führt mich zum Glück.
Zum Glück gibt es die anderen.

Meine Freiheit endet dort,
wo deine beginnt.

Die individuelle Freiheit

Freiheit ist ein Sammelbegriff. Wenn ich an Freiheit denke, fällt mir spontan ein deutsches Volkslied ein:

Die Gedanken sind frei, wer kann sie erraten?
Sie ziehen vorbei wie nächtliche Schatten.
Kein Mensch kann sie wissen, kein Jäger erschießen.
Es bleibet dabei: Die Gedanken sind frei!

Gedankenfreiheit genießen alle Menschen. Es gibt noch andere Arten von Freiheit, die jedoch oft nur in demokratischen Staaten garantiert sind: allgemeine Handlungsfreiheit, Meinungsfreiheit, Versammlungsfreiheit, Religionsfreiheit, Pressefreiheit, Berufsfreiheit, Reisefreiheit, Wissenschaftsfreiheit, Kunstfreiheit und einige mehr. Auch Grundrechte des Menschen wie das Recht auf Leben, das Recht auf körperliche Unversehrtheit oder das Asylrecht sind Freiheiten, die ebenfalls nicht überall garantiert sind.

Eine Freiheit kann eingeschränkt oder uneingeschränkt sein. Wenn in den Medien nicht über alles berichtet werden darf, ist die Pressefreiheit eingeschränkt. Wenn ich nicht in alle Länder reisen darf, ist die Reisefreiheit eingeschränkt. Solche Einschränkungen behindern das natürliche Streben nach Freiheit und sind deshalb ein Missbrauch von Macht; sie nützen wenigen und schaden vielen. Eine Einschränkung von Freiheit kann aber für das Leben in einer Gemeinschaft auch förderlich sein. Wenn wir als Menschheit so wertvolle Rechte wie das Recht auf Leben und das Recht auf körperliche Unversehrtheit unser eigen nennen wollen, müssen wir die Freiheit jedes Einzelnen einschränken. Sobald jeder tun und lassen kann, was er will, sind diese Rechte nicht garantiert. Die Gemeinschaft lebt davon, dass meine Freiheit dort endet, wo die Freiheit eines anderen beginnt.

Die größte Errungenschaft der Menschheit ist weder der technische Fortschritt noch ein kolossales Bauwerk, sondern die Formulierung der Menschenrechte. Ihre Einhaltung ist eine notwendige Voraussetzung für den Frieden in der Welt. Wegweisend für die heute in vielen Staaten geltenden Menschenrechte waren die *Bill of Rights* (England, 1689),[65] die *Declaration of Independence* (USA, 1776)[66] und die *Erklärung der Menschen- und Bürgerrechte* (Frankreich, 1789).[67] Die Freiheitsstatue in New York hält wertvolle Menschenrechte in ihrer linken Hand (siehe Abbildung 23).

Abb. 23: Freiheitsstatue in New York

Menschenrechte sind Freiheiten, die sich die Menschen gegenseitig zugestehen können, wenn sie wollen. Doch wie hält es die Natur mit der Freiheit? Welche Arten von Freiheit sind in der Natur verwirklicht? Wenn wir uns die Natur etwas näher anschauen, stellen wir fest, dass viele Vorgänge in ihr nach bestimmten Regeln ablaufen. Wir Physiker nennen sie »Naturgesetze«. Ihr gemeinsames Merkmal ist, dass sie keine Schlupflöcher haben. Ein Naturgesetz lässt keinen Freiraum für irgendwelche Interpretationen. Sobald sich ein Apfel von seinem Ast löst, fällt er immer nach unten auf die Wiese. Er befindet sich dann zwar im freien Fall, das heißt, er ist schwerelos, aber er hat nicht die Freiheit, sich in eine andere Richtung zu bewegen.

Allerdings erlaubt es sich die Natur, nicht alles mit Gesetzen zu regeln. Auch die Natur räumt Freiheiten ein, aber nicht im Zusammenhang mit Naturgesetzen. Es handelt sich vielmehr um räumliche und zeitliche Freiheiten. Räumlich hat jeder Körper sogenannte *Freiheitsgrade.* Sie stehen für die Zahl seiner frei wählbaren und voneinander unabhängigen Bewegungsmöglichkeiten. Beispielsweise lässt sich ein starrer Körper in drei unabhängigen Richtungen verschieben und um drei unabhängige Achsen drehen (siehe Abbildung 24). Er hat also insgesamt sechs Freiheitsgrade.

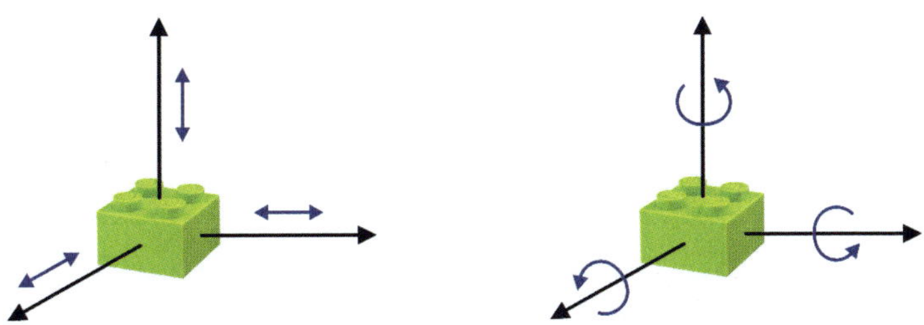

Abb. 24: Alle Freiheitsgrade des starren Körpers

Der Körper eines Menschen hat viele Gelenke und entsprechend mehr Freiheitsgrade. Abbildung 25 illustriert eine kleine Auswahl der zusätzlichen Bewegungsmöglichkeiten. Mein Körper ist von Natur aus mit verschiedenen Freiheiten ausgestattet, sich räumlich zu verändern.

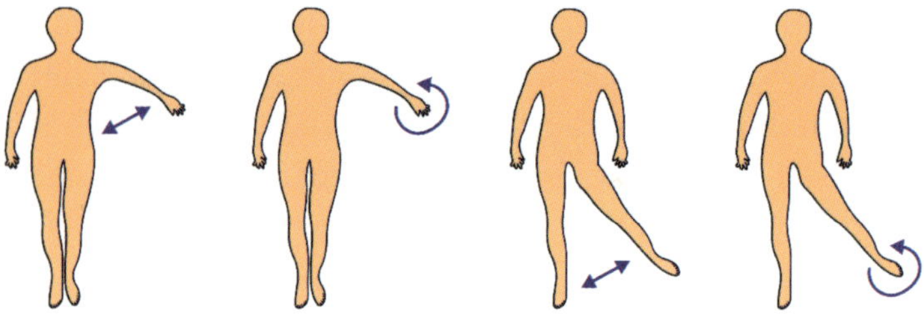

Abb. 25: Einige Freiheitsgrade des menschlichen Körpers

Neben diesen räumlichen Freiheitsgraden hat die Natur eine noch weitaus größere Freiheit verwirklicht: den *Zufall.* Er ist die zeitliche Freiheit in der Natur und lässt sich auch als »Spontaneität« bezeichnen. Ein Ereignis geschieht zufällig oder spontan, wenn es keine Ursache hat. Ein typisches Beispiel ist der radioaktive Zerfall eines einzelnen Atoms. Weil der Zerfall spontan stattfindet, ist sein Zeitpunkt nicht determiniert, das heißt er ist zeitlich unbestimmt oder frei. Nur bei einer sehr großen Anzahl von Atomen können wir abschätzen, wie viele davon nach einer vorgegebenen Zeit zerfallen sein werden.

Ein anderes Beispiel für Zufall, das uns Menschen unmittelbar betrifft, ist der *freie Wille.* Dahinter steckt nichts Geheimnisvolles. Mehrmals am Tag gabelt sich mein Weg, und ich entscheide mich für eine von mehreren Möglichkeiten. Es mag Gründe geben, die meine Entscheidungen mehr oder weniger stark beeinflussen, aber die meisten Entscheidungen treffe ich aus dem Bauch heraus, also spontan. Ich nehme gar nicht so viele Informationen auf, dass jede meiner Entscheidungen logisch begründbar wäre. Die Existenz des freien Willens wird dennoch von einigen Menschen in Frage gestellt. Sie nehmen an, dass alle meine Entscheidungen aus vorangegangenen Ereignissen ableitbar seien. Dass wir keine Marionetten sind, lässt sich aber mit einem ganz einfachen Experiment zeigen.

Experiment Nr. 4
Bitte machen Sie dieses Buch jetzt sofort zu, und lassen Sie es für mindestens eine Minute geschlossen!

Abb. 26: Kurze Pause, vielleicht für ein Stück Obst?

Sind sie meiner Anweisung gefolgt? Haben Sie wirklich das Buch geschlossen und eine Minute gewartet? Sehr gut, bitte lesen Sie jetzt **nicht** weiter! Lesen Sie stattdessen bitte nochmals die Absätze nach Abbildung 25.

STOP

Ha, ich habe Sie erwischt! Wenn Sie meiner Anweisung immer wieder gefolgt wären, hätten Sie das Buch stets aufs Neue schließen müssen und könnten nie diese Zeilen lesen. Dass Sie diese Zeilen lesen, beweist, dass Sie sich irgendwann spontan entschieden haben, meiner Anweisung nicht mehr zu folgen und doch weiterzulesen. Der freie Wille hat es Ihnen ermöglicht. Es mag sein, dass ich Sie mit meinem Experiment etwas genervt habe, aber ich hatte Sie ausdrücklich gebeten, nicht weiterzulesen. Somit haben Sie es allein Ihrem freien Willen zu verdanken, dass Sie den Teufelskreis durchbrechen konnten.

Ein Computerprogramm wäre in dieser endlosen Schleife steckengeblieben. Ohne freien Willen hätte es brav einen Befehl nach dem anderen ausgeführt und wäre nicht in der Lage gewesen, die endlose Schleife zu verlassen. Moderne Computer sind so programmiert, dass der Ausstieg aus einer solchen Schleife nach einer festgelegten Zeitdauer erzwungen wird. Mein Experiment sah so einen Abbruch aber nicht vor. Es gab bloß einen einzigen Notausgang, und den haben Sie genutzt: Ihren freien Willen.

In der Natur sind also räumliche und zeitliche Freiheiten verwirklicht: Freiheitsgrade und Zufälle. Der Zufall manifestiert sich unter anderem im freien Willen. Folglich ist die Welt, in der wir leben, nicht bis ins letzte Detail festgelegt. Das ergibt auch Sinn. Wozu sollten sich Lebewesen entwickeln, wenn die Natur zu 100 Prozent determiniert wäre? Es scheint, als sei die Natur ein ausgewogener Mix aus Regeln (Naturgesetzen) und Zufällen (Freiheiten). Regeln schaffen Ordnung und Komplexität, Zufälle ermöglichen Entfaltung und Kreativität. Dieser Mix erinnert an die Grundelemente eines Spiels. Jedes gute Spiel »lebt« von Regel und Zufall. Lebt so auch die Natur?

Zufälle

Sommer 1972
In diesem Jahr verbringt unsere Familie den Sommerurlaub auf einem kleinen Bauernhof in Tetenbüll an der Nordseeküste. Oben auf dem Leuchtturm in St. Peter-Ording, mehr als 600 Kilometer von meinem Wohnort entfernt, treffe ich zufällig einen Klassenkameraden. Für jeden von uns gibt es zwar Ursachen dafür, dass wir diesen Leuchtturm besuchen, aber dass wir uns dort oben begegnen, ist Zufall. Es existiert keine Ursache dafür, dass wir dieselben wenigen Quadratmeter zum gleichen Zeitpunkt aufsuchen.

Heilig Abend 1988
Während meines Aufenthalts in San Diego miete ich mir in den Weihnachtsferien ein Auto, um damit die Nationalparks im Westen der USA zu erkunden. Das Weihnachtsfest verbringe ich in der kleinen Jugendherberge am Grand Canyon und schaue beim Abendessen überrascht in ein Gesicht, das mir bekannt vorkommt. Es ist wieder ein Klassenkamerad, mit dem ich neun Jahre lang die Schulbank gedrückt habe. Wir hatten uns seither fünf Jahre lang nicht gesehen, und es gibt sehr viel zu erzählen. Am nächsten Morgen steigen wir zu zweit hinab in den Canyon und beschließen, drei weitere Nationalparks gemeinsam zu besuchen.

Mai 2014

In München trage ich auf einem Kongress über komplementäre Krebstherapie vor und fahre mit einem Intercity zurück bis nach Karlsruhe. Den Sitzplatz hatte der Kongressveranstalter für mich reserviert. Plötzlich spricht mich jemand an mit den Worten: »Sind Sie nicht Professor Niemz aus Heidelberg?« Er hatte den Sitzplatz direkt neben mir reserviert und ist zufällig Dr. Tobias Winstel, Leiter der Herder Verlagsgruppe für den Publikumsmarkt. Damit verantwortet er genau jenes Programm, in dem auch meine Bücher erscheinen. Ich selbst wusste bis dahin nicht einmal seinen Namen, aber er kannte mein Gesicht vom Cover des Buches *Bin ich, wenn ich nicht mehr bin?* Wir nutzen unsere Zufallsbegegnung und sprechen über die Inhalte des Buches, das Sie jetzt gerade in Ihren Händen halten.

Geburtstage

Zufälligerweise haben mein Schwager und ich an genau den gleichen Tagen Geburtstag wie die Eltern meiner Schwiegermutter. Die Wahrscheinlichkeit für diesen Zufall beträgt etwa 1 zu 67 000.

Lottozahlen

An einem Samstag im März 2007 werden die Geburtstage und die Geburtsmonate von drei Menschen als Lottozahlen gezogen, die mir sehr nahe stehen. Die Wahrscheinlichkeit für diesen Zufall beträgt etwa 1 zu 14 Millionen.

Haben Sie ein Lieblingsspiel? Mit meiner Familie spiele ich zurzeit oft »Papa, ärgere dich nicht!«, eine Variante von »Mensch, ärgere dich nicht!« Hätte dieses Spiel einen Sinn, wenn es keine Regeln hätte? Es würde chaotisch verlaufen! Wäre es interessant, wenn es keinen Würfel hätte? Es wäre reglementiert! Nur im Zusammenspiel von Regel und Zufall kann sich die Natur frei entfalten und eine unvergleichliche Schönheit entstehen lassen (siehe Abbildung 27). Schönheit beruht auf Komplexität und Kreativität.

Abb. 27: Lotusblüte und Schmetterling

Freiheit ist ein hohes Gut, mit dem nicht jeder umzugehen weiß. Gibt es überhaupt eine individuelle Freiheit? Das personale Ich hatte ich in Frage gestellt. Der Gedanke liegt nahe, dass ich auch nicht an die individuelle Freiheit glaube. Wie kann ich aber einen freien Willen haben und dennoch keine individuelle Freiheit? Diesen vermeintlichen Widerspruch möchte ich jetzt auflösen.

Das Wort »individuell« stammt vom lateinischen *individuum* ab (auf Deutsch: das Unteilbare). Eine individuelle Freiheit wäre also eine Freiheit, bei der ich mein Leben mit niemandem teilen müsste. Ich wäre unabhängig von anderen und bräuchte auf gar nichts zu achten. Doch so funktioniert unsere Welt nicht. Ich käme nicht mal heil bis in die nächste Stadt! Schon an der ersten Verkehrskreuzung wäre ich mit jemand anderem kollidiert. Selbst wenn ich auf einer ganz einsamen Insel wohnen würde, bin ich auf eine Natur angewiesen, die mich ernährt. Sollte ich diesen Zusammenhang ignorieren, wird mich die Natur bald spüren lassen, wer den längeren Atem hat.

Ich kann also jede Entscheidung frei treffen, sollte dabei aber stets auf die Randbedingungen achten, die mein Leben bestimmen. Das heißt: Ich habe einen freien Willen, jedoch keine individuelle Freiheit. Die letzte Aussage gilt auch für das kleine Experiment, an dem Sie eben unfreiwillig teilgenommen haben: Sie hatten Ihren freien Willen, irgendwann aus der endlosen Leseschleife auszusteigen, und doch waren Sie nicht wirklich frei. Sie verfügten nicht über die Freiheit, die Randbedingungen dieses Experiments zu verändern. Ich wusste, dass Sie irgendwann weiterlesen würden, nicht weil sie weiterleben wollten, sondern weil Sie neugierig waren, wie es weitergeht.

Auch im Leben ist meine Freiheit durch Randbedingungen begrenzt, die ich nicht verändern kann. Die allererste ist der Körper, mit dem ich geboren werde. Er gibt die Bedingungen vor, wie ich das Leben gestalten kann. Habe ich ein gesundes Herz, das ausreichend Sauerstoff in meine Organe pumpt? Verfüge ich über zwei kräftige Beine, die mich von hier nach dort bewegen? Ist mein Gehirn so leistungsfähig, dass ich im Leben etwas lernen kann? Ein gesunder Körper ist nicht selbstverständlich, aber eine zwingende Voraussetzung für viele Tätigkeiten. Weitere Randbedingungen sind: Epoche und Ort meiner Geburt, die Fürsorge meiner Eltern und das soziale Umfeld, in dem ich aufwachse.

Ich bin gut beraten, mir die Begrenzungen meiner Freiheit stets bewusst zu machen. Oft entstehen Konflikte, wenn Menschen glauben, dass sie ihr Leben frei und unabhängig von anderen führen können. Sie erkennen nicht, dass es auf jeder Ebene des Lebens Regeln gibt, die eingehalten werden müssen, wenn das System nicht kollabieren soll. Dafür bietet das Leben auf jeder höheren Ebene *mehr Möglichkeiten.* Freiheit wächst gewissermaßen von Ebene zu Ebene. Dazu ein paar Beispiele: Wasserstoff (H) und Sauerstoff (O) sind Atome, mit denen sich nicht wirklich etwas »auf die Beine« stellen lässt. Das zusammengesetzte Molekül H–O–H heißt Wasser und ist unser Lebenselixier! Das Wassermolekül ist lebensnotwendig, aber es lebt nicht. Lebendige Zellen enthalten neben Wasser viele weitere Moleküle, insbesondere Aminosäuren bestehend aus Wasserstoff, Sauerstoff, Kohlenstoff, Stickstoff und Schwefel. Zellen können stoffwechseln und kommunizieren, aber sie führen ein sehr primitives Leben. Komplexe Lebewesen wie der Mensch sind ein Verbund aus vielen Zellen. Ihm bieten sich Möglichkeiten, von denen die einzelnen Teile nicht einmal träumen können. Ein Atom kann weder Symphonien komponieren noch Bücher schreiben. Im Verbund lässt sich wesentlich mehr erreichen als alleine. Das ist auch das Erfolgsrezept für eine lang währende Partnerschaft zwischen zwei Menschen: Sie müssen das, was sie *nur zu zweit* erreichen können, höher bewerten als das, was jeder für sich zu leisten vermag. In einer Partnerschaft geht es nicht um ein Sich-Behaupten, sondern um das Erschließen neuer, gemeinsamer Freiheiten!

In Abbildung 20 hatte ich die sechs materiellen Ebenen der Natur skizziert. Es liegt die Vermutung nahe, dass noch weitere Ebenen möglich sind, die aber wie die tieferen Ebenen nur durch eine Kollektivbildung entstehen können. Kein Mensch kann sich eine siebte Ebene vorstellen, aber das ist auch nicht weiter verwunderlich. Können sich Ihre Körperzellen ein Bild von Ihnen machen?

Es wäre sehr unklug, angesichts der so fein aufeinander abgestimmten Ebenen von einer individuellen Freiheit des Ich auszugehen. Ich bin von meinen Mitmenschen ähnlich abhängig, wie es meine 50 Billionen Körperzellen untereinander sind. Ungeachtet dessen bin ich für die nächsthöhere Ebene mindestens genauso wichtig, wie es meine Zellen für mich sind. Dieser Gedanke verleiht meiner Auffassung vom Ich noch mehr Sinn: Wenn jedes Ich ein Fühlen und Lernen ist, dürfte die Vernetzung aller Ichs eine Intelligenz entstehen lassen, die unserer weit überlegen ist. Sie wird jedes Ich so pflegen, wie ich meinen Körper pflege, weil sie verstanden hat, dass Freiheit ein kollektives Gut ist.

Freiheit ist also nicht individuell, sondern kollektiv. Sie ist das Privileg einer Gemeinschaft, kann sich aber auch auf den tieferen Ebenen positiv auswirken. Unser Kollektiv ist die Menschheit, das heißt, wir teilen diese Freiheit mit allen anderen Menschen. Fällt Ihnen etwas auf? Wie beim Glück sind es wieder die anderen, die wichtig sind. Unsere Freiheit wächst durch die Existenz anderer! Diese Erkenntnis widerspricht der üblichen Auffassung von Freiheit. Den größten Schaden füge ich mir zu, wenn ich einen anderen vernichte. Dann gibt es einen weniger, von dem ich lernen kann. Wenn ich alle Konkurrenten vernichte, wie es manche Diktatoren und Riesenkonzerne vorhaben, gibt es niemanden mehr, von dem ich lernen kann. Die Natur zeigt uns einen sinnvolleren

Weg: nicht die anderen vernichten, sondern sich mit ihnen zusammenschließen zum Wohle aller. Wir leben nicht ohne Grund in Raum und Zeit. Raum ermöglicht *Anders*artigkeit, Zeit Ver*änderung*. Anders sein können und anders werden können – genau das macht die Welt bunt und cool!

Die Evolution nimmt immer wieder einen neuen Anlauf. Wege, die in eine Sackgasse führen, finden ein natürliches Ende. Die Natur ist weder auf einzelne Atome angewiesen noch auf einzelne Moleküle, Zellen oder Lebewesen. Sie ist nicht mal auf ein Kollektiv wie die Menschheit angewiesen. Wenn wir nicht achtsamer mit der Natur umgehen, wird die Menschheit wie ein Lebewesen untergehen, dessen Zellen ihren Pflichten nicht nachkommen.

Zu jeder Gemeinschaft gehören Rechte als auch Pflichten. Nur wer seine Pflichten erfüllt, hat einen Anspruch auf Rechte. Auf der Erde werden die Rechte von den einzelnen Staaten verschieden geregelt. Was für den einen gerecht ist, mag einem anderen ungerecht erscheinen. Kann Gerechtigkeit subjektiv sein?

Nach den Sternen greifen

Die *individuelle* Freiheit ist eine Illusion.
Die Natur lebt von Regel und Zufall.
Freiheit wächst von Ebene zu Ebene.

Nicht nur
recht haben,
sondern auch
recht bekommen.

Die subjektive Gerechtigkeit

Gerechtigkeit – was für ein schwerer Begriff! Dagegen sind Raum und Zeit ein Kinderspiel. Gerechtigkeit soll ausgleichend wirken wie die Schwere eines Gewichts und ist doch so schwer zu finden. Die römische Göttin *Justitia* hält zwei Waagschalen in ihrer Hand (siehe Abbildung 28 links). Sie steht für eine ausgleichende Gerechtigkeit. Moderne Rechtsprechung orientiert sich immer mehr an der altgriechischen Göttin *Dike.* Ihre Gerechtigkeit teilt aus, nämlich Strafe und Vergeltung (siehe Abbildung 28 rechts).

Abb. 28: Justitia und Dike

Den Unterschied zwischen Justitia und Dike möchte ich an zwei Beispielen aus heutiger Zeit illustrieren: Straftaten von Jugendlichen werden in Deutschland nur sehr selten mit Freiheitsentzug geahndet. Oft werden Sanktionen in Form eines sozialen Dienstes verhängt, damit der Betroffene lernt, sich für andere einzusetzen. Ein sozialer Dienst gleicht die Straftat aus. Er stellt keine Strafe dar, sondern er hilft dem Jugendlichen, sich wieder in die Gesellschaft einzugliedern. Eine ganz andere Form von Gerechtigkeit wird heute immer noch in Indien vollzogen: Eine junge Frau wurde auf Befehl des Dorfrates von zwölf Männern vergewaltigt, weil sie sich mit einem Mann getroffen hatte, der einer anderen Religion angehörte.[68] Die Vergewaltigung war eine Strafmaßnahme. Abgesehen davon, dass Religionsfreiheit ein Menschenrecht ist, war das Urteil des Dorfrates in keinster Weise ausgleichend. Im Gegenteil! Die Vergewaltiger machten sich einer Straftat schuldig und wurden ihrerseits bestraft. Rache führt nicht selten zu einer Spirale von Gewalt.

Viele Menschen wünschen sich eine objektive Gerechtigkeit, und diese ist keine Illusion, wie ich gleich erläutern werde. Illusionär ist hingegen die Annahme, dass sich Gerechtigkeit auf Einzelne oder auf eine Gruppe zuschneiden ließe. Doch genau diese subjektive Scheingerechtigkeit liegt jeder irdischen Rechtsprechung zugrunde. Selbst in Rechtsstaaten wie Deutschland sind nicht alle Menschen vor dem Gesetz gleich. Auch hierzu zwei Beispiele: 1) Wer reich ist, kann gegen eine Kaution die Untersuchungshaft umgehen, selbst wenn er des Steuerbetrugs verdächtigt wird;[69] wer die Kaution nicht bezahlen kann, kommt in Untersuchungshaft. 2) Wer aus Reichtum Steuern hinterzieht und sich rechtzeitig selbst anzeigt, bleibt straffrei; wer aus Armut eine Bank überfällt und sich selbst anzeigt, wird eingesperrt.

Auch Firmen sind in Deutschland nicht vor dem Gesetz gleichgestellt: Wer viel Energie verbraucht, wird dafür noch mit der Befreiung von der EEG-Umlage belohnt.[70] Juristen sprechen von einer »besonderen Ausgleichsregelung«. Die Natur wird sich für diesen Ausgleich sicher bedanken. Wer wenig Energie verbraucht, bezahlt die EEG-Umlage. Politik wird von Menschen gemacht, und wer einen guten Fürsprecher hat, kann mitunter die Gesetzgebung beeinflussen. Bei Naturgesetzen funktioniert das nicht. Kein Lebewesen kann sie zu seinen Gunsten verändern.

Subjektive Gerechtigkeit ist eine Illusion, weil sie Ausnahmen zulässt. So einfach ist das! Objektive Gerechtigkeit erfordert Gesetze, die ausnahmslos für alle gelten. Das beste Beispiel hierfür sind die Naturgesetze: Jeder Körper unterliegt der Schwerkraft, jede lebendige Zelle benötigt Energie, und jeder Organismus altert. Genmutationen scheinen Ausnahmen zu sein, sind aber lediglich Übertragungsfehler. Die in der DNA enthaltene Erbinformation kann bei der Zellteilung falsch abgelesen werden. Die Natur ist eben nicht perfekt, sondern macht Fehler wie ein Mensch. Die umgekehrte Reihenfolge beschreibt die Wirklichkeit sogar noch besser: Wir Menschen machen Fehler wie die Natur, weil wir Natur sind – das Fühlen und Lernen der Natur.

Doch nicht nur die Naturgesetze sind objektiv. Auch der Mensch hat sich bereits objektive Gesetze auferlegt, aber sie werden nicht von allen Ländern ernst genommen. Gemeint sind die Menschenrechte, wie sie in der *International Bill of Human Rights* (Vereinte Nationen, 1948)[71] formuliert sind. Menschenrechte werden heute meistens als eine Abwehr der Bürger gegen staatliche Eingriffe in die Freiheit verstanden. Weil sich die Menschen aber auch untereinander bedrohen, ist letztendlich der Staat in der Pflicht, jedes Menschenrecht mit geeigneten Maßnahmen zu schützen. Die Einhaltung der Menschenrechte wird heute von vielen Staaten eingefordert. Wer dem Europarat beitreten möchte, muss erst der *Europäischen Menschenrechtskonvention*[72] zustimmen.

Wodurch zeichnen sich Menschenrechte aus? Sie beruhen auf der Annahme, dass allen Menschen allein aufgrund ihres Menschseins die gleichen Rechte zustehen. Anders als die meisten menschengemachten Gesetze lassen sie folglich keine Ausnahmen zu. Das mag nüchtern klingen, aber politisch betrachtet ist es *die* Sensation: Menschenrechte zeichnen sich durch die gleiche Stringenz aus wie Naturgesetze! Könnte uns die stringente Natur nicht überall in der Politik ein Vorbild sein? Folgendes Verfahren sollte bei allen Politikern auf offene Ohren stoßen, denen die Bekämpfung von Steuerhinterziehung am Herzen liegt.

Stringentes Verfahren zum Ausgleich von Steuerhinterziehung

Jeder Bürger wird in seiner Steuererklärung verpflichtet zu unterschreiben, dass er alle verschwiegenen Einkommen und Vermögen zu 100 Prozent dem Staat überträgt. Sobald eine Steuerhinterziehung ans Licht kommt, gehört das verschwiegene Geld dem Staat. Ein stringentes Vorgehen sorgt für ausgleichende Gerechtigkeit: Wer offiziell erklärt, keine weiteren Einkommen und Vermögen zu besitzen, verzichtet ganz bewusst auf alle seine Ansprüche.

Objektive Gerechtigkeit ist nicht leicht zu finden, aber es gibt einen Weg, der zumindest in ihre Nähe führt. Dieser Weg erfordert die Bereitschaft, die eigenen Interessen nach hinten zu stellen. Um einen Sachverhalt objektiv beurteilen zu können, müssten wir in der Lage sein, ihn aus allen möglichen Perspektiven zu begutachten. Doch unser Einblick in andere Perspektiven ist begrenzt; wir haben keinen Zugriff auf alle nötigen Informationen. Deshalb können wir uns der objektiven Gerechtigkeit nur nähern: Je mehr Perspektiven wir einbeziehen, umso näher kommen wir dem Ideal.

Lassen Sie uns diese Gedanken auf die Steuerhinterziehung übertragen! Die Beteiligten sind: die Steuerzahler, die Steuerhinterzieher, der Staat. Wer Steuern hinterzieht, denkt nur an den eigenen Vorteil. Er begreift nicht, dass er seine Freiheit, seine Bildung und seine Mobilität einem Staat zu verdanken hat, der auf Steuereinnahmen angewiesen ist. Er bräuchte sich nur in die Perspektiven der Steuerzahler hineinzuversetzen und würde sofort erkennen, wie unfair sein Verhalten ist. Doch auch ein Staat denkt nur an den eigenen Vorteil (höhere Einnahmen), wenn eine Steuerhinterziehung bei rechtzeitiger Selbstanzeige keine Konsequenzen hat. Er bräuchte sich auch nur in die Perspektiven der Steuerzahler hineinzuversetzen und würde das Unrecht sofort erkennen: Hinterzogene Steuern müssen nur für die letzten zehn Jahre nachgezahlt werden; alles andere ist verjährt.[73] Jemand, der zwanzig Jahre betrogen hat und sich danach selbst anzeigt, steht am Ende besser da als jemand, der immer ehrlich war. Das stringente Verfahren zum Ausgleich von Steuerhinterziehung beendet das Unrecht, ohne zu bestrafen. Es beruft sich auf Justitia, nicht auf Dike. Wer offiziell erklärt, keine weiteren Einkommen und Vermögen zu besitzen, hat auch alle Konsequenzen daraus zu tragen.

Ich bin kein Jurist, wünsche mir aber vom Gesetzgeber, dass er auch bei anderen Verbrechen nicht die Strafe in den Mittelpunkt stellt, sondern für ausgleichende Gerechtigkeit sorgt. Das gelingt nicht mit dem »moralischen Zeigefinger«, sondern nur mit einem breiten Bildungsangebot. In unserer heutigen Zeit, die von rücksichtsloser Ausbeutung der Natur und sinnlosem Terror geprägt ist, müssen wir lernen, uns in andere Perspektiven hineinzuversetzen – in die Perspektiven von anderen Menschen, aber auch von Tieren und Pflanzen. Was für eine umfassende Perspektive mag wohl der Apple-Gründer Steve Jobs beim Sterben erlangt haben, als er kurz vor seinem Tod zu seiner Schwester sprach: »Oh wow! Oh wow! Oh wow!«[74]

Was ich bisher über die Gerechtigkeit geschrieben habe, dürfte für viele Menschen nachvollziehbar sein. Wir stehen jetzt aber vor einer Weggabelung, bei der Sie vielleicht eine andere Richtung einschlagen werden als ich. Der eine Weg führt durch vertrautes Gelände: Sie erleben die Wirklichkeit so, wie Sie sie sehen, hören, fühlen, riechen und schmecken. Es gibt auf diesem Weg viel zu entdecken, aber Sie werden schnell feststellen, dass jeder die Wirklichkeit auf seine Art erlebt und deswegen auch zu seiner eigenen Auffassung von Gerechtigkeit gelangt. Der andere Weg ist etwas beschwerlicher. Auch hier erschließen Sie sich die Wirklichkeit über Ihre Sinne, aber Sie versetzen sich zusätzlich in andere Perspektiven hinein. Sie docken an ein großes Bewusstsein an und erfahren, was objektive Gerechtigkeit ist.

Was Steve Jobs beim Sterben ausgesprochen hat, könnte ohne große Bedeutung sein. Er war aber bekannt dafür, dass er jeden Tag so gelebt hat, als wäre es sein letzter.[75] Wenn jemand achtsam lebt und mit solchen Worten der Begeisterung stirbt, dann vermute ich, dass ihm beim Sterben etwas zuteilgeworden ist, das ihn zutiefst überrascht hat. Nun war Steve Jobs nicht nur Erfinder von iPod, iPad und iPhone – er war Visionär und glaubte an die Macht der Information. Was konnte diesem Steve Jobs beim Sterben eine so große Freude bereiten? Womöglich der Zugriff auf Informationen, die er bis dahin nicht hatte?

Dieser Gedanke ist zunächst reine Spekulation, aber er gewinnt schnell an Plausibilität, wenn wir andere Berichte von Sterbenden hinzuziehen. Eine Quelle sind sogenannte *Nahtoderfahrungen,* das heißt Erlebnisse von Menschen, die kurz vor dem Tod wiederbelebt werden konnten. Wolfgang hatte im Alter von 53 Jahren einen Herzinfarkt und schickte mir den folgenden Bericht: »Urplötzlich verspürte ich einen stechenden Schmerz in der Brust. Ich sackte zusammen und hatte Angst. Todesangst. Noch hörte ich die verzweifelten Worte meiner Frau, die sofort einen Notarzt rief. Doch dann wurde es stockduster um mich herum und still. Was danach geschah, kann ich nur schwer mit Worten wiedergeben. Ich sah meinen leblosen Körper am Boden liegen und hatte das Gefühl, als könnte ich mich aufteilen und den Schauplatz in alle Richtungen gleichzeitig verlassen. Ich kam mir vor wie auf einer Welle, die sich überall in Raum und Zeit ausbreitet. Das Faszinierendste aber war: Ich brauchte mich nur auf irgendetwas zu konzentrieren, und schon konnte ich es in all seinen Einzelheiten ergründen. Wo immer es mich hintrug, erwartete mich eine unbeschreibliche Informationsfülle. In einem kurzen Augenblick durfte ich verstehen, wie alles mit allem zusammenhängt. Die Welle, auf der ich durch Raum und Zeit schwebte, fühlte sich an wie eine Welle aus Liebe. Sie hatte eine gewaltige Kraft und war dennoch so friedvoll. Es war einfach überwältigend.«[76]

Wolfgang wurde nach seinen eigenen Worten eine »unbeschreibliche Informationsfülle« zuteil. Ob Steve Jobs eine ähnliche Erfahrung machen durfte, und ob sie der Grund für seine Begeisterung war? Meine Vermutung kann ich nicht beweisen, und so gabelt sich hier der Weg. Warum ich mich für den Weg mit den zusätzlichen Perspektiven entscheide, erfahren Sie, wenn Sie Wolfgangs Bericht weiterlesen: »Es mag vielleicht verrückt klingen, aber es war, als würde ich auf dieser Welle durch mein ganzes Leben surfen. Je weiter ich mich von meinem Körper entfernte, umso größer wurde mein Horizont. Sah ich mich zunächst nur aus dem Blickwinkel des Notarztes, spürte ich mit einem Mal, wie meine Frau mich über alles liebte. Nach und nach führte mich die Welle zu allen Menschen, denen ich irgendwann im Leben begegnet war, bis hin zu meinen Eltern und Großeltern, und jedes Mal begriff ich, welche Freude und welchen Schmerz ich ihnen bereitet hatte. Ja, ich konnte regelrecht fühlen, wie jeder Einzelne über mich dachte. Merkwürdig war, dass ich dabei nicht den Eindruck gewann, als hätte ich ihnen etwas Gutes oder Schlechtes angetan, sondern mir selbst. Ich kam mir vor wie mein eigener Richter.«[77]

Was Wolfgang hier schildert, ist eine Lebensrückschau. Weil sie von vielen Nahtoderfahrenen beschrieben wird, ist sie wohl kaum eine Halluzination. Die Lebensrückschau ist mehr als nur eine Rückblende. Sie lässt mich erkennen, wie mein Leben auf andere gewirkt hat. Konkret heißt das: Ich bekomme alles Leid zu spüren, das ich anderen Lebewesen zugefügt habe, aber ich darf mich auch über alle Liebe freuen, die ich anderen Lebewesen geschenkt habe. Deswegen hatte Wolfgang den Eindruck, er sei sein »eigener Richter« gewesen. Die Lebensrückschau ist Gerechtigkeit pur! Kein irdisches Gericht kann ihr das Wasser reichen. Kein Richter kann besser über mich urteilen als ich selbst, wenn ich mein Leben aus allen möglichen Perspektiven erleben darf. Weil Sterbende oft von dieser Gerechtigkeit berichten, sie aber in keinem Staat praktiziert wird, halte ich sie für authentisch. Schulmediziner führen Nahtoderfahrungen gerne auf Sauerstoffmangel im Gehirn zurück. Doch wie könnte aus einem Defizit ein so ausgeprägtes Rechtsbewusstsein entspringen? Ich halte die Lebensrückschau für einen starken Hinweis auf die Existenz eines Gottes und vermute, dass sie jedem von uns beim Sterben widerfahren wird.

Diese Gerechtigkeit wurde auch Betty Eadie zuteil, als es während einer Routineoperation zu Komplikationen kam und sie für wenige Minuten klinisch tot war. In Ihrem Buch *Licht am Ende des Lebens* beschreibt sie typische Elemente der Lebensrückschau: »Ich sah, wie ich jemandem Unrecht getan hatte und wie sich dieser Mensch dann oftmals einem anderen zuwandte, um ihm ein ähnliches Unrecht zuzufügen.«[78] Sie erläutert, wie sich diese Kette von Opfer zu Opfer fortsetzte, bis sie schließlich zu ihr, dem Ausgangspunkt, zurückkehrte. Sie hatte wesentlich mehr Menschen verletzt, als ihr zunächst bewusst war. Umso glücklicher war Betty, als sie auch den positiven Effekt dieser Kette erkannte: Mit jedem »Akt der Güte« hatte sie Liebe und Freude im Leben ihrer Mitmenschen gefördert.

Jetzt sind Sie an der Reihe! Sie dürfen mir gerne schreiben, für welchen Weg Sie sich entscheiden, und Sie dürfen mir auch gerne Ihre Gründe verraten. Am Ende des Buches finden Sie meine E-Mail-Adresse.

Gerechtigkeit setzt den Zugriff auf Information voraus. Fragen Sie einen beliebigen Richter. Er wäre dankbar, wenn er zu jedem Fall alle Informationen aus sämtlichen Perspektiven vorliegen hätte. Erst dann wäre es ihm möglich, einen Sachverhalt objektiv zu beurteilen. Gibt es in unserer Welt einen allumfassenden Informationsspeicher – und wenn ja, wo? Ja, dieser Speicher existiert, und Sie dürfen ihn jetzt in einem weiteren Experiment entdecken!

Experiment Nr. 5
Lächeln Sie allen Menschen zu, denen Sie heute begegnen, und warten Sie ab, was geschieht! Viele werden Ihr Lächeln erwidern. Woher hatten sie wohl die Information, dass Sie ihnen ein Lächeln geschenkt haben?

Für alles, was wir tun, gibt es einen objektiven Zeugen: das Licht. Es ist uns nicht immer bewusst, dass wir kontinuierlich Licht abstrahlen, aber tatsächlich sind alle Ereignisse unseres Lebens im Licht gespeichert. Es ist eine Art »Tagebuch der Schöpfung«.[79] In gewisser Weise ist das Licht mit dem *World Wide Web* vergleichbar. Sobald wir eine Information eingespeist haben, wird sie vielerorts hinterlegt und lässt sich nicht mehr entfernen. Um sie löschen zu können, müssten wir schneller sein als das Licht. Doch das ist nicht möglich. Die Lichtgeschwindigkeit ist die maximale Transportgeschwindigkeit. Das Licht ist uns immer einen Schritt voraus. Auch das Lächeln, das Sie anderen Menschen heute schenken, werden Sie nie mehr einholen können. Vielleicht trägt es mit dazu bei, dass viele Menschen heute fröhlicher sind als sonst. Ihr Lächeln überträgt sich auf Ihr Umfeld und wieder zurück auf Sie. Das ist die Kette, die Betty Eadie in ihrer Lebensrückschau beschreibt.

Als ein achtsamer Mensch haben Sie es bestimmt längst bemerkt: Nicht nur zu unserem Glück und zu unserer Freiheit brauchen wir die anderen, auch objektive Gerechtigkeit setzt die Kooperation der anderen voraus. Um ein gerechtes Urteil fällen zu können, müssen wir alle anderen Perspektiven einbeziehen. Es sind also stets die anderen, die wichtig sind. Wenn wir diese Erkenntnis in allen Schulen vermitteln könnten, gäbe es in unserer Welt mehr Glück, mehr Freiheit und mehr Gerechtigkeit.

Wir haben bereits viel über die Bedeutung der anderen philosophiert, aber für deren Wertschätzung fehlt uns noch ein entscheidender Begriff. Wolfgang sprach nicht nur von der »Informationsfülle«, sondern auch von einer »Welle aus Liebe«. Vielen von uns ist die Liebe ein großes Rätsel, doch auf der Werteskala der Natur steht sie ganz oben. Ohne die Liebe zu anderen Lebewesen gäbe es weder Sie noch mich. Es ist bezeichnend, dass wir uns nicht nur in der Erkenntnis verlieren können, sondern auch in der Liebe.

Nach den Sternen greifen

Die *subjektive* Gerechtigkeit ist eine Illusion.
Die Lebensrückschau ist Gerechtigkeit pur.
Gerechtigkeit beruht auf Information.

Liebe ist das,
was aus zweien eins macht.

Und wieder bin ich weg

Inzwischen ist Frühling 1990. Ich bin wieder in Heidelberg und arbeite an meiner Doktorarbeit. Ab und zu besuche ich mein ehemaliges Studentenwohnheim in der Keplerstraße. Jeden Donnerstag findet dort ein geselliger Barabend statt, auf dem ich mich mit Freunden und Bekannten treffe. Eines Abends spricht mich eine ehemalige Mitbewohnerin an und bittet mich um einen Gefallen. Sie erinnert sich noch, dass ich gerne Klavier spiele, und sucht für ihre beste Freundin, die demnächst Gesangsprüfung hat, eine Klavierbegleitung. Ohne lange zu überlegen, sage ich zu. Wieder habe ich nicht die geringste Ahnung, wie diese Entscheidung mein ganzes Leben verändern wird.

Eine Woche später treffen wir uns für eine erste Probe. Im Keller des Wohnheims steht ein alter Flügel, der schon so manchen Rotwein verkostet hat. Die beste Freundin entpuppt sich als eine fröhliche Sängerin und heißt Alexandra. Sie stimmt *Summertime* von Gershwin an, und ich greife in die etwas vergilbten Tasten. »Summertime … and the living is easy.« Nach und nach erfahre ich, dass Alexandra an der pädagogischen Hochschule studiert und Sonderschullehrerin werden will. Sie singt in einem Heidelberger Chor und will sich im Nebenfach Gesang prüfen lassen. An diesem Abend trinken wir noch gemeinsam einen Batida de Côco und verabreden uns für die nächste Probe.

In den folgenden Tagen treffen wir uns mehrmals. Wir musizieren zusammen, tauschen Erlebnisse aus, schlendern über den Philosophenweg, schlemmen in der Altstadt einen großen Eisbecher, gehen abends ins Kino und besuchen uns gegenseitig zum Frühstück.

Es ist Dienstag, der 24. Juli. So steht es diesmal nicht im Laborbuch, sondern im gemeinsamen Fotoalbum! Nicht der erste Laserschuss, sondern der erste Kuss! Ich hatte uns zum Mittagessen eine asiatische Gemüsepfanne mit Erdnusssoße gekocht, und wir spazieren gerade über die saftige Neckarwiese zu den Schwänen. Unter einer mächtigen Pappel hat es dann plötzlich Zoom gemacht. Für ein paar Augenblicke vergessen wir alles um uns herum. Und wieder bin ich weg. Ein zweites Mal völlig weg!

Als ich wieder bei Sinnen war, schwirrten viele bunte Schmetterlinge in meinem Bauch. Das hatte ich so noch nie erlebt, und es fühlte sich verdammt gut an. Und doch gibt es eine verblüffende Parallele zu meinem ersten Ich-bin-weg-Erlebnis: In San Diego hatte ich mich der Erkenntnis hingegeben, in Heidelberg der Liebe. In beiden Situationen hatte ich mich selbst verloren und dadurch alles gewonnen, was ich mir je erträumt hatte. Erst wurde mir Erleuchtung zuteil, dann schenkte Alexandra mir das Gefühl von Geborgenheit. Beide Male durfte ich mich mit allem ganz eng verbunden fühlen. Wohl deshalb hätte ich hier wie dort die ganze Welt umarmen können. Alexandra und ich haben fünf Jahre später geheiratet. Wir haben zwei Kinder und zeigen ihnen hin und wieder »unsere« Pappel auf der Neckarwiese.

Was ist Liebe? Auf Wikipedia gibt es dazu den folgenden Eintrag: »Liebe ist im Allgemeinen die Bezeichnung für die stärkste Zuneigung und Wertschätzung, die ein Mensch einem anderen entgegenzubringen in der Lage ist.«[80] Diese Definition mag aus menschlicher Perspektive sinnvoll sein. Ich vermute aber, dass Liebe ein fundamentales Prinzip ist, das sich unter Menschen als Zuneigung und Wertschätzung äußern kann. In der Natur gibt es noch viele andere Ebenen. Was treibt Atome an, sich zu Molekülen zu verbinden? Was treibt Moleküle an, sich zu Zellen zu verbinden? Was treibt Zellen an, sich zu Organismen zu verbinden? Überall in der Natur finden wir die Bereitschaft, sich zu etwas Höherem zu verbinden. So viel Verbundenheit kann nur ein fundamentales Prinzip zustande bringen. Nennen wir es »Liebe«!

Doch eine Frage bleibt: Wozu verbinden sich Atome zu Molekülen, Moleküle zu Zellen und Zellen zu Organismen? Die Antwort auf diese Frage fällt leichter, wenn wir sie auf uns Menschen beziehen: Wozu verschmilzt eine Samenzelle mit einer Eizelle? Was zeichnet miteinander verschmolzene Zellen gegenüber vielen einzelnen Zellen aus? Ein einziger Satz des griechischen Philosophen Aristoteles beantwortet alle diese Fragen. Ein wenig gekürzt lautet er: »Das Ganze ist mehr als die Summe seiner Teile.«[81] Folgende Beispiele geben Aristoteles recht: Ein DNA-Molekül kann Erbinformation speichern, ein Atom nicht. Eine Zelle kann kommunizieren, ein Molekül nicht. Ein Mensch kann denken, eine Zelle nicht. Wenn die sechste Ebene in Abbildung 20 nicht die höchste Ebene der Natur ist, dann ist zu erwarten, dass auch ein Liebespaar mehr ist als die Summe von Mann und Frau, Mann und Mann, oder Frau und Frau. Dazu dürfen die sich Liebenden allerdings nicht »A plus B« bleiben, sondern sie müssen ein Ganzes werden.

Liebe ist das, was aus zweien eins macht. Dieses Prinzip vereint nicht nur Atome, Moleküle und Zellen. Es liegt auch der körperlichen Liebe zugrunde und lässt selbst einen Wissenschaftler eins mit seiner Erkenntnis werden. Ist es nicht eine wunderschöne Vorstellung, dass wir uns sowohl in der Liebe als auch in der Erkenntnis »verlieren« können? Mich fasziniert immer wieder der gewaltige Erfahrungsschatz, auf dem unsere Sprache beruht.

Jetzt frage ich Sie: Haben Sie sich schon einmal in der Liebe oder in der Erkenntnis verloren? Falls ja, wie war es? Falls nein, wie könnte es sein? Grauenvoll oder angenehm? Hölle oder Himmel? Sie müssen kein Prophet sein, um sich vorstellen zu können, dass ein Vollbad aus aller Liebe und Erkenntnis der größte Jackpot ist, den es zu gewinnen gibt. Doch wenn dem so ist, dass das Sich-selbst-Verlieren eine so positive Erfahrung sein kann, weshalb fürchten wir dann den Tod? Zugegeben, diese Frage kommt unerwartet, aber vielleicht werden Sie mein Buch eines Tages daran messen. Wenn wir uns so bereitwillig der Liebe und der Erkenntnis hingeben, dann brauchen wir auch keine Angst vor dem Tod zu haben. Beim Sterben geschieht nichts anderes. Uns wird alle Liebe und Erkenntnis zuteilwerden, bis wir einen Punkt erreichen, an dem wir uns nicht mehr von Gott unterscheiden. Lesen Sie hierzu den eindrucksvollen Bericht von Ina, einer Leserin: »Von einer Sekunde zur anderen sah ich die ganze Welt, das ganze Universum. Ich war das ganze Universum, in jedem Baum, in jedem Blatt, in jedem Menschen und in jedes Menschen Gedanken – gleichzeitig ich selbst und zugleich der andere (die anderen). Ich konnte mit einem Gedanken an jede Stelle des Universums reisen in Sekundenschnelle … Es sieht aus wie ein Hologramm, in das man wie durch Gottes Auge schaut und dann erkennt, dass man

Gott und gleichzeitig sich selbst ist. Es ist für mich entsetzlich schwer, diesen Satz zu schreiben, weil es so blasphemisch klingt und ich nie gewagt hätte, so was auch nur zu denken, geschweige denn auszusprechen. Die Worte fehlen mir, um das alles so auszudrücken. Man ist eins mit allem, fühlt und denkt mit allem, sieht jede Auswirkung auf alles und jeden.«[82] Es gibt nichts Schöneres, als auf sich selbst zu verzichten, um die ganze Welt umarmen zu können.

Höre ich da doch erste Zweifel bei Ihnen? Vielleicht im Sinne dieser Leseranfrage: »Was nützt mir ein Vollbad aus Liebe oder Erkenntnis, wenn ich mich darin auflöse?« Auch darauf möchte ich gerne antworten. Ich betrachte Liebe und Erkenntnis als die höchsten Werte, die es gibt. Meine aktuelle Werteskala finden Sie in Abbildung 29. Schreiben Sie Ihre Skala doch einfach daneben! Sie werden dann schnell auf den Clou kommen: Was auch immer Sie nach ganz oben setzen – es muss niemandem etwas nützen. Weshalb nicht? Weil es nichts mehr gibt, was noch höher steht! Der höchste Wert ist *in sich* sinnvoll.

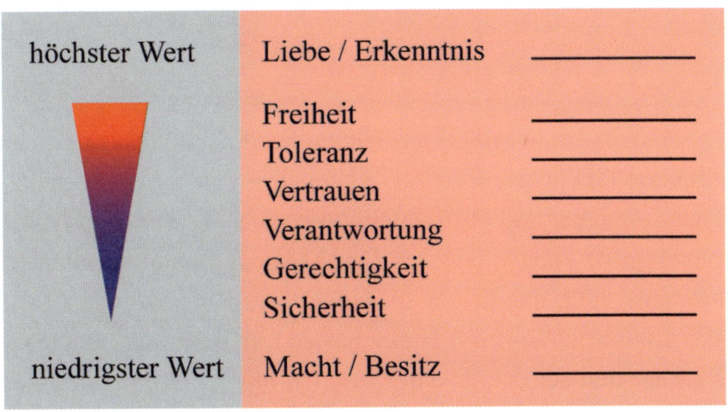

Abb. 29: Meine und Ihre Werteskala

Wenn Liebe und Erkenntnis in sich sinnvoll sind, bedürfen sie keiner weiteren Erklärung. Sie erklären sich selbst. Auf die Liebeserklärung »dich liebe ich« folgt kein »weil«. Wenn ich dich nur liebte, weil ich deine Augen schön fände, würde ich Liebe an eine Bedingung knüpfen – doch Liebe, die von Herzen kommt, ist bedingungslos. Bei der Erkenntnis greift dasselbe Argument: Auch auf den Befund »das ist wahr« folgt kein »weil«. Wenn es bloß wahr wäre, weil es mir gut gefiele, würde ich auch Wahrheit an eine Bedingung knüpfen – doch Wahrheit ist ebenfalls bedingungslos.

Dich liebe ich.
Nicht, weil du sehr gut aussiehst.
Nicht, weil du sehr viel weißt.
Nicht, weil du anders bist.

Dich liebe ich.
Ohne weil.

Alexandra hat mich am letzten Weihnachtsfest mit einer Musical-CD überrascht: *Der kleine Tag* von Wolfram Eicke, Hans Niehaus und Rolf Zuckowski. Sie hat mir damit eine riesengroße Freude bereitet. Das Musical handelt von einem kleinen Licht, das für einen Tag auf die Erde kommen darf. Ein Lied von Wolfram Eicke hat es mir besonders angetan. Es trägt den schlichten Titel *Einfach nur so.* Wenn ich eines Tages nicht mehr bin, wünsche ich mir, dass es zu meinem Abschied erklingt.

Werfen wir noch kurz einen Blick auf die anderen Werte in Abbildung 29! Der Freiheit und der Gerechtigkeit hatte ich zwei eigene Kapitel gewidmet. Dazwischen positioniere ich Toleranz, Vertrauen und Verantwortung. Auch bei diesen drei Werten sind die anderen wichtig: andere tolerieren, anderen vertrauen, für andere Verantwortung übernehmen. Wenn wir uns an diese Regeln halten, spielen Gerechtigkeit und Sicherheit nur noch eine untergeordnete Rolle. Ich halte es für bedenklich, wenn Staaten wie die USA die Sicherheit über die Freiheit stellen. Dass Macht und Besitz auf meiner Werteskala ganz unten stehen, hat einen einfachen Grund: Diese zwei Werte verlieren wir als Erstes, wenn wir sterben. Wozu sollte ich zu Lebzeiten nach etwas streben, das offensichtlich nicht nachhaltig ist?

Haben Sie im Leben schon einmal so intensiv über Ihre Werteskala nachgedacht? Bitte seien Sie ehrlich, und tragen Sie Ihre Werte in Abbildung 29 ein, falls Sie es noch nicht getan haben! Es wird Ihnen helfen, sich Ihrer Prioritäten im Leben bewusst zu werden. Sollten Sie dabei entdecken, dass Ihr Lebensstil von Ihrer Werteskala abweicht, so denken Sie darüber nach, woran es liegt! Was könnten Sie zukünftig in Ihrem Leben verändern?

Oft werde ich gefragt, warum ich Liebe und Erkenntnis ganz oben auf meine Werteskala setze. Die Antwort lautet: Weil es meine schönsten Erlebnisse sind, wenn ich mich der Liebe oder der Erkenntnis hingeben darf. Das gilt für meine Liebe zu Alexandra und unseren Kindern ebenso wie für die Projekte meiner *Stiftung Lucys Kinder* (siehe Anhang) und für meine Erkenntnis als Wissenschaftler und Schriftsteller. Nichts erfüllt mich mehr als Liebe und Erkenntnis. Bestätigt fühle ich mich durch die moderne Sterbeforschung. Nahtoderfahrene bezeichnen Liebe und Erkenntnis als die höchsten

Werte, die das Leben zu bieten hat.[83] Allerdings betonen sie auch, dass unsere Sprache nicht geeignet sei, um diese zwei Werte angemessen wiederzugeben. »Lieben« beinhalte auch ein Vertraut-Werden, »Erkennen« ein Bewusst-Werden. Bei diesen Verben wird deutlich, was es mit dem Sich-Verlieren auf sich hat. Je mehr mir etwas vertraut oder bewusst wird, umso geringer wird seine Distanz zu mir. In der Liebe oder Erkenntnis schrumpft diese Distanz auf null, das heißt, das Etwas und ich werden eins.

Inzwischen glaube ich sogar, dass Lieben und Erkennen im Grunde dasselbe sind. Lieben kann ich einen Menschen, ein Tier, eine Pflanze, eine Tätigkeit, einen Ort, eine Kultur, eine Musik, ein Buch, die Wahrheit und noch vieles mehr. Was auch immer es ist, es wird mir umso vertrauter, je mehr ich es liebe. Ich beginne dann, es zu verstehen, das heißt zu erkennen. Das wussten schon die Verfasser der Bibel: »Und Adam erkannte seine Frau Eva, und sie ward schwanger.«[84] Auch Buddha steht für die Einheit von Liebe und Erkenntnis: Er liebt die Wahrheit, weil er erkennt, dass sie einfach und doch vollkommen ist (siehe Abbildung 30).

Abb. 30: Erleuchteter Buddha

Begreifen, dass Lieben und Erkennen dasselbe sind, ist der erste und wichtigste Schritt auf dem Weg zur Erleuchtung; alle weiteren Schritte bauen darauf auf. Wer die Natur verstehen will, muss sie zunächst lieben lernen. Ich darf sie also nicht ausbeuten und zerstören, sondern muss sie achten und schätzen wie einen lieben Freund. Je intensiver ich die Natur liebe, umso tiefer weiht sie mich in ihre Geheimnisse ein und umso unwesentlicher werde ich. Der finale Schritt auf dem Weg zur Erleuchtung ist *Loslassen.* Indem ich mich komplett zurücknehme, wird der Weg frei für einen Zustand völliger Bewusstheit. Sich selbst verlieren und alles gewinnen – das ist Erleuchtung.

In meiner Sammlung der neun bedeutendsten Illusionen fehlen noch drei: die heilige Religion, der allmächtige Gott und das Leben nach dem Tod. Sie sind besonders tückisch, weil ihnen eine Hoffnung und somit eine große Erwartung zugrundeliegen. Hoffnung beruhigt, doch zu viel Hoffnung betäubt. Ist Religion wirklich heilig?

Nach den Sternen greifen

Liebe ist ein fundamentales Prinzip.
Liebe ist in sich sinnvoll.
Liebe und Erkenntnis sind dasselbe.

Religion ist keine Waffe,
sondern ein Wegweiser.

Die heilige Religion

Ist Ihnen aufgefallen, dass ich bisher ausschließlich Männer zitiert habe und nicht eine einzige Frau? Viele Jahrhunderte lang wurde den Frauen eine Schulbildung verwehrt. Malala Yousafzai aus Pakistan hat uns unter Einsatz ihres eigenen Lebens bewusst gemacht, dass es heute immer noch Gegenden gibt, in denen Mädchen gezielt vom Schulbesuch ferngehalten werden. Dafür wurde sie mehrfach ausgezeichnet, unter anderem mit dem Sacharow-Preis für geistige Freiheit und dem internationalen Kinder-Friedenspreis.

An Ihrem 16. Geburtstag, dem 12. Juli 2013, sprach sie vor der Jugendversammlung der Vereinten Nationen: »Sie haben auch auf meine Freundinnen geschossen. Sie dachten, die Kugeln würden uns zum Schweigen bringen. Aber es ist ihnen nicht gelungen ... Ich bin hier, um für jedes Kind das Recht auf Bildung einzufordern … Ich hasse auch den Taliban nicht, der auf mich geschossen hat. Selbst wenn er ein Gewehr in seiner Hand hätte und vor mir stünde: Ich würde nicht auf ihn schießen. Dies sind die Barmherzigkeit und das Mitgefühl, die ich von Mohammad, dem Propheten der Gnade, von Jesus Christus und von Buddha gelernt habe. Dies ist das Vermächtnis der Veränderung, das mir Martin Luther King, Nelson Mandela und Muhammad Ali Jinnah hinterlassen haben. Dies ist die Philosophie der Gewaltlosigkeit, die ich von Gandhi, Bach Khan und Mutter Teresa gelernt habe. Und dies ist die Vergebung, die ich von meinem Vater und meiner Mutter gelernt habe. Dies ist es, was meine Seele mir sagt: Sei friedlich und liebevoll, und liebe alle und jeden.«[85]

Wow, so einfach und vollkommen klingt Wahrheit! Und Malala verkündet diese Wahrheit nicht nur, sie lebt sie. Mit allem, was sie tut, tritt sie für die Rechte von Mädchen und Frauen ein, vor allem für das Recht auf Bildung. Sie fordert sämtliche Regierungen auf, »die verpflichtende, kostenfreie Schulbildung für jedes Kind auf der ganzen Welt einzuführen.«[86] Damit trifft sie den wunden Punkt aller Diktaturen. Freier Zugang zu Bildung ist der Schlüssel für Frieden. Die beste Investition, um einen dritten Weltkrieg zu verhindern, ist kein hoher Rüstungsetat, sondern eine breite Allgemeinbildung für alle Kinder dieser Welt. Nur so kann eine junge Generation heranwachsen, die sich kritisch mit gesellschaftlichen Fragen auseinandersetzt.

In ihrer eindrucksvollen Rede beruft sich Malala nicht nur auf vorbildliche Politiker, sie erinnert auch an die Kerngedanken bedeutender Religionsstifter: Barmherzigkeit und Mitgefühl für andere. Sie schlägt also genau jenen Weg ein, den auch ich in diesem Buch beschreibe: sich selbst zurücknehmen und die anderen wertschätzen. Fehlendes Mitgefühl führt nicht selten zu Anwendung von Gewalt. Malala bekam die brutale Gewalt der Taliban zu spüren, einer fundamentalistischen Strömung des Islam. Fundamentalisten sind überzeugt, dass ihre Auslegung einer Religion die einzig wahre sei und dass diese notfalls mit Gewalt durchgesetzt werden müsse. Nährboden für den Fundamentalismus ist eine nicht vorhandene oder einseitige Schulbildung. Wer es nie gelernt hat, sein Verhalten kritisch zu hinterfragen, lässt sich leicht ködern und für zwielichtige Zwecke missbrauchen.

Fundamentalisten gibt es im Islam, aber auch in anderen Religionen. Ihnen ist gemeinsam, dass sie an traditionellen Regeln festhalten und keine Abweichungen davon dulden. Moderne Gedanken und Erkenntnisse werden generell abgelehnt. Beispielsweise wollen islamische Fundamentalisten die *Scharia* als verbindliche Rechtsgrundlage durchsetzen, obwohl sie gegen die Menschenrechte verstößt. Für gesellschaftliches Fehlverhalten sieht sie unter anderem folgende Strafen vor: Auspeitschung, Hand- oder Fußamputation und Totschlag durch Steinigung.[87] Zudem haben Frauen deutlich weniger Rechte als Männer. Im Mittelpunkt des christlichen Fundamentalismus steht die Unfehlbarkeit der Bibel. Deren Inhalt sei zu verkünden und dürfe nicht hinterfragt werden. Geschlechtsverkehr außerhalb der Ehe und Homosexualität werden entschieden abgelehnt. Charakteristisches Element des hinduistischen Fundamentalismus ist der Glaube an die Einzigartigkeit der indischen Erde.

Es ist kein Zufall, dass sich die Weltreligionen nicht nur mit Ruhm bekleckert haben. Absolutistisches Gedankengut findet sich bei ihnen genauso wie in politischen Diktaturen. Im Koran steht mehrfach der Satz: »Er ist Gott, außer dem es keinen Gott gibt.«[88] Das erste Gebot im Alten Testament lautet: »Ich bin der Herr, dein Gott. Du sollst keine anderen Götter haben neben mir.«[89] Diese angeblichen Gottesworte sollten wohl ursprünglich der Vergöttlichung von Menschen oder Tieren vorbeugen. In ihnen liegt aber auch eine große Gefahr: Fanatiker werden bei diesen Worten zu den Waffen greifen, weil sie glauben, ihren Gott verteidigen zu müssen. Ist Gott wirklich so kurzsichtig, dass er (oder es) nicht sieht, welche Zwietracht solche Worte unter uns Menschen säen, wenn wir sie allzu wörtlich nehmen? Eine andere Erklärung halte ich für wahrscheinlicher: Diese Worte stammen nicht von Gott, sondern wurden von Menschenhand verfasst. Sie drücken nämlich eine typisch menschliche Sorge aus, die da heißt: »Könnte mir jemand meine Macht streitig machen?« Welcher Gott hat es denn nötig, einen solchen Anspruch auf Exklusivität zu erheben?

Es ist tragisch, dass islamische Fundamentalisten immer wieder zum *Jihad* (auf Deutsch: heiliger Krieg) gegen alle Nicht-Muslime aufrufen. Angeblich sei es Gottes Wille, der im Koran verkündet werde: »Kämpft für Allahs Religion.«[90] Vor dem heiligen Krieg werden alle Ungläubigen aufgefordert, die islamischen Gebote zu befolgen und die Herrschaft des Islam anzuerkennen, falls es sich um Juden oder Christen handelt. Weil diese Aufforderung oft erfolglos verhallt, ist die Ausrufung des *Jihad* vorprogrammiert. Im ursprünglichen Islam wendet sich der *Jihad* gegen abtrünnige Muslime. Er soll sie zum »rechten Glauben« zurückführen. Zum Beispiel diene die Verschleierung einer Frau ihrem eigenen Schutz – vor Übergriffen durch Männer.

Heilige Kriege werden nicht nur im Islam geführt. Ein Blick zurück in die Geschichte zeigt, dass die anderen Religionen mit ähnlicher Gewalt vorgegangen sind – allen voran die Christen! Jeder Kreuzzug im Mittelalter war im Grunde ein heiliger Krieg, und auch die Ritter waren Gotteskrieger. Es war Papst Urban II., der den Kreuzzug gegen die Muslime legitimierte: »Wenn diejenigen, die dort hinunterziehen, ihr Leben verlieren auf der Fahrt, zu Lande oder zu Wasser, oder in der Schlacht gegen die Heiden, so werden ihnen in jener Stunde ihre Sünden vergeben werden, das gewähre ich nach der Macht Gottes, die mir verliehen wurde.«[91] Bei der Eroberung Jerusalems im Jahr 1099 floss viel Blut aus den Toren der Stadt (siehe Abbildung 31). Wer an den »falschen Gott« glaubte, bezahlte mit seinem Leben.

Abb. 31: Eroberung Jerusalems

Dass es heute mehr als zwei Milliarden Christen gibt,[92] ist auch die Folge einer Missionsarbeit, die mehr ins Gewissen redete als überzeugte. Im Mittelpunkt des christlichen Glaubens steht die Nächstenliebe. Allein deswegen sollte er niemandem aufgezwungen werden. Das gilt selbstverständlich auch für jede andere Religion. Gott würde sich niemals aufdrängen. Wozu auch? Dem indischen Menschenrechtler Mahatma Gandhi wird eine sehr weise Antwort zugeschrieben: »Gott hat keine Religion.«[93]

Die Vergangenheit belegt, dass keine Religion heilig ist, das heißt gotterwählt. Jede der vier großen Weltreligionen (Christentum, Islam, Judentum, Hinduismus) hat auch eine Gewaltgeschichte. Wie fast alle anderen Weltanschauungen beruhen Religionen auf Dogmen, die nicht hinterfragt werden dürfen. Sie wurden einst von Menschen für Menschen aufgestellt, und das gilt wohl auch für die angeblich heiligen Schriften. Religiöse Überzeugungen sind Trends ihrer Zeit. Vor Christi Geburt konnte noch niemand an Christus glauben, aber an andere Götter wie Justitia oder Dike. Insofern hat der britische Evolutionsbiologe Richard Dawkins recht, wenn er Religion als »Kindheitsindoktrination« bezeichnet: »Ist es nicht ein denkwürdiger Zufall, dass fast jeder derselben Religion zugehört wie seine Eltern? Und immer scheint es genau die richtige Religion zu sein.«[94] Dawkins geht aber mit den Religionen zu hart ins Gericht, wenn er von einem »Gottes-Wahn« spricht und ihnen sogar die Schuld für den 11. September 2001 gibt.[95] Er kann nicht erwarten, dass alle Menschen seinen Atheismus teilen. Für Selbstmordattentate sind nie Religionen verantwortlich, sondern stets Menschen. Schuldig ist, wer seine Vorstellung von Gott für einen heiligen Krieg missbraucht. Gleichwohl tragen Religionen eine Mitverantwortung für den Ich-Wahn. Wer seinen Gläubigen ein unsterbliches Ich in Aussicht stellt, darf sich nicht wundern, wenn sie es schon im Leben überbewerten. Spätestens der Tod wird allem Ich-Wahn ein Ende setzen.

Den Buddhismus habe ich hier bewusst ausgeklammert, weil er heute für viele Menschen eine friedliche Lebensphilosophie ist und keine Religion. Umso unverständlicher ist es, dass der Dalai Lama, das buddhistische Oberhaupt, zurzeit im Exil leben muss. China kann wirklich Besseres tun, als die Menschenrechte mit Füßen zu treten. Dass der Buddhismus unter Naturwissenschaftlern immer mehr Anhänger findet, liegt nicht bloß an seiner Friedfertigkeit, sondern vor allem an seinem Streben nach Wahrheit. Namhafte Physiker wie Fritjof Capra verweisen auf viele Parallelen zur Quantentheorie: »Das wichtigste Merkmal der östlichen Weltanschauung ist das Gewahrsein der Einheit und gegenseitigen Beziehung aller Dinge und Ereignisse – die Erfahrung einer einzigen fundamentalen Identität.«[96]

Es gibt noch einen Grund, warum der Buddhismus unter Sinnsuchenden hoch im Kurs ist: *Spiritualität.* Viele Menschen sind heute auf der Suche nach Spiritualität. Sie geben sich nicht mit vorgesetzten Glaubensbotschaften zufrieden, sondern wollen selbst Erfahrungen machen. Also kehren sie sich von jenen Religionen ab, die aus der Unterweisung ein Dogma machen. Spiritualität lässt sich nicht predigen – sie muss erfahren werden, beispielsweise durch Übung in Achtsamkeit. Spirituelle Wege existieren in allen Religionen (die Mystik im Christentum, der Sufismus im Islam, die Kabbala im Judentum, der Yoga im Hinduismus), aber sie finden oft im Verborgenen statt. Zen-Buddhismus ist eine offene Form von Spiritualität.

Dass immer mehr Gläubige die Traditionen und Machtstrukturen ihrer Religionen kritisch hinterfragen, ist vielen Würdenträgern ein Dorn im Auge. Doch Prüfen ist das Maß für Qualität. Religion ist wertlos, wenn sie es nicht zulässt, hinterfragt zu werden. Den »richtenden Gott« halte ich für eine menschliche Konstruktion. Was für ein gemeiner Gott würde uns erschaffen, um uns anschließend auf die Probe zu stellen und nötigenfalls zu bestrafen? Vor zweitausend Jahren mag so eine Drohung moralisches Verhalten gefördert haben, aber heute zieht sie nicht mehr, weil wir inzwischen gelernt haben, Dogmen zu hinterfragen.

Religionen sind Wegweiser, die uns auf der Suche nach Wahrheit Orientierung geben können. Ein anderer Name für Wahrheit ist Gott. Die Wahrheit ist nicht außerhalb, sondern mitten unter uns. Sie lässt sich am besten vom Gipfel eines Berges erfassen, den wir auf verschiedenen Wegen erklimmen können. Die Religionen, der Buddhismus und auch die Naturwissenschaft weisen uns Wege hinauf bis zum Gipfel. Manche Wege sind länger, andere kürzer (in Abbildung 32: **Hi**nduismus, **Bu**ddhismus, **Na**turwissenschaft, **Ch**ristentum, **Ju**dentum, **Is**lam). Die Naturwissenschaft halte ich für eine Abkürzung zu Gott, weil sie sich mit der Logik einer nüchternen, aber äußerst präzisen Sprache bedient. Indem sie auf alle ausschmückenden Details verzichtet, kann das Wesentliche deutlicher hervortreten. Gott wirkt in uns und nicht im prunkvollen Glanz mancher Kathedrale oder Moschee.

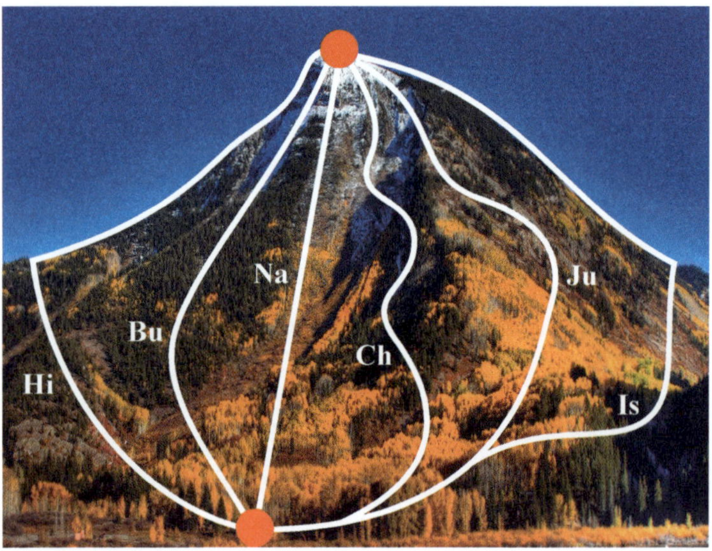

Abb. 32: Verschiedene Wege zu Gott

Wie verschieden die Wege zu Gott sein können, möchte ich am Beispiel des Lichts erläutern. Die heiligen Schriften personifizieren und verherrlichen das Licht.

Altes Testament »Der Herr ist mein Licht und mein Heil:
Vor wem sollte ich mich fürchten?«[97]

Neues Testament »Ich bin das Licht der Welt.
Wer mir nachfolgt, wird nicht wandeln
in Finsternis, sondern wird das Licht
des Lebens haben.«[98]

Koran »Gott ist das Licht der Himmel und der Erde. Sein Licht ist einer Nische vergleichbar, in der eine Lampe ist. Die Lampe ist in einem Glas. Das Glas ist, als wäre es ein funkelnder Stern. Es wird angezündet von einem gesegneten Baum, einem Ölbaum, weder östlich noch westlich, dessen Öl fast schon leuchtet, auch ohne dass das Feuer es berührt hätte. Licht über Licht. Gott führt zu seinem Licht, wen er will, und Gott führt den Menschen die Gleichnisse an. Und Gott weiß über alle Dinge Bescheid.«[99]

Bhagavad Gita »Er wird der Lichter Licht genannt,
das alle Finsternis zerstreut.
Er weilt in jedes Wesens Herz,
vom vollerwachten Selbst erkannt.«[100]

Sutren »Und wie er Licht ist, so auch Leben.
Er ist ewig. Daher sein Name Amitayus,
der da hat die Fülle unendlichen Lebens.«[101]

Und welche Aussagen macht die Physik über das Licht? Ich hatte bereits erläutert, dass Uhren langsamer gehen und Lineale kürzer sind, sobald sie sich relativ zu mir bewegen (siehe die Abbildungen 9 und 13). Je höher die relative Geschwindigkeit ist, umso stärker treten diese Effekte hervor. Sie lassen sich bis zur Lichtgeschwindigkeit extrapolieren. Aus der Perspektive des Lichts hat jede räumliche und jede zeitliche Distanz den Wert null,[102] das aber heißt, im Licht ist alles hier und jetzt. Folglich ist Gott, wenn er oder es die Lichtperspektive innehat, mit allem vertraut und sich allem bewusst. Ich kann also auch ohne religiöse Lyrik erkennen, dass Gott alles liebt und weiß; ich brauche nur etwas Logik. Das ist die Abkürzung zu Gott, von der ich sprach.

Perspektive des Lichts

Für das Licht hat jede räumliche Distanz den Wert null.

Daraus folgt:	Im Licht ist alles hier.
Daraus folgt:	Im Licht ist Gott mit allem vertraut.
Daraus folgt:	Im Licht liebt Gott alles.

Für das Licht hat jede zeitliche Distanz den Wert null.

Daraus folgt:	Im Licht ist alles jetzt.
Daraus folgt:	Im Licht ist sich Gott allem bewusst.
Daraus folgt:	Im Licht weiß Gott alles.

Der naturwissenschaftliche Weg hat den großen Vorteil, dass er *ohne* die Personifizierung des Göttlichen auskommt. Er lässt also keine Feindseligkeiten entstehen. Christentum, Islam und Judentum haben gemeinsame Wurzeln, aber ihre

Anhänger streiten sich über die Bedeutung eines Jesus von Nazareth. Die Christen betrachten ihn als Sohn Gottes, die Muslime als Propheten Gottes. Nach jüdischer Auffassung kann ein Mensch nicht göttlich sein; mit Jesus machten sich die Christen ein verbotenes Bild von Gott. Eine Personalie ist der Hintergrund für blutige Glaubenskriege. Jesus würde sich im Grab umdrehen, wenn er noch könnte.

Als Wegweiser zu Gott sind Religionen nicht von sich aus feindselig. Zu Konfrontationen kommt es häufig dann, wenn sich die Wege kreuzen und es für die Gläubigen nicht offensichtlich ist, dass sie zum gleichen Ziel führen. Abhilfe könnte ein verbindliches Schulfach Religion schaffen, das sich objektiv mit allen Glaubensrichtungen befasst. Es sollte ein zentraler Bestandteil jener Schulbildung werden, die von Malala für jedes Kind dieser Welt gefordert wird.

Eine bekannte Definition von Religion stammt von dem deutschen Theologen Friedrich Schleiermacher: Sie sei »das Gefühl der schlechthinnigen Abhängigkeit von Gott«.[103] Die Erfahrung lehrt uns, dass dieses Gefühl menschlich ist und nicht heilig. Doch wie ausgeprägt ist die Abhängigkeit der Welt von Gott? Ist Gott allmächtig?

Nach den Sternen greifen

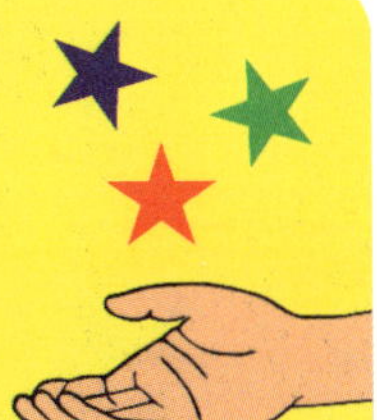

Die *heilige* Religion ist eine Illusion.
Gott hat keine Religion.
Religionen sind Wegweiser zu Gott.

Wenn Gott nicht außerhalb ist,
kann Gott nicht eingreifen.

Der allmächtige Gott

11. September 2001: Mit 34 000 Liter Kerosin an Bord und einer Geschwindigkeit von 630 km/h explodiert Flug AA11 im Nordturm des *World Trade Centers* in New York.[104] Im Bruchteil einer Sekunde sind 92 Passagiere tot. 17 Minuten später wiederholt sich das Schreckensszenario. Flug UA175 kracht in den benachbarten Südturm und reißt 65 Passagiere in den Tod. Weitere 90 Minuten später liegen beide Türme in Schutt und Asche. Das Leben von fast 2800 Menschen ist für immer ausgelöscht. Rund um den Globus sind Angehörige und Mitfühlende traumatisiert.

Immer wieder werden Menschen Opfer von Terror und Naturkatastrophen. Zu Recht fragen sich deshalb viele Menschen: »Was ist das für eine Welt, in der wir leben?« Und: »Weshalb greift Gott nicht ein, wenn er existiert?« Mit der ersten Frage befasst sich die Naturwissenschaft. Die zweite Frage sollte eigentlich die Religion beantworten können. Es ist die sogenannte *Theodizee-Frage,* also die Rechtfertigung Gottes in Anbetracht dessen, dass es neben dem Guten auch noch das Böse gibt. Der Begriff »Theodizee« (auf Deutsch: göttliche Gerechtigkeit) geht auf Gottfried Wilhelm Leibniz zurück, mit dessen Auffassung von Zeit wir uns schon befasst haben. Er argumentierte, dass sich Gott nicht durch das Böse in der Welt in Frage stellen lasse, weil sie immer noch die beste aller möglichen Welten sei.[105] Allerdings blieb uns

Leibniz den Beweis schuldig, dass es wirklich keine bessere Welt gibt. Wer in seinem Leben schwere Schicksalsschläge hinnehmen muss, kann sich gewiss eine Welt ausmalen, in der es ihm und seinen Angehörigen besser geht.

Die Theodizee-Frage ist das größte Problem, an dem die Schöpfergott-Religionen Christentum, Islam und Judentum zu knabbern haben. Ob und wie sie das Problem lösen werden, wird langfristig auch über ihre Zukunft entscheiden. Im Zeitalter der Information werden immer mehr wissbegierige Gläubige nachfragen, bis sie eine plausible Antwort auf die Theodizee-Frage bekommen. Je länger diese auf sich warten lässt, umso mehr Gläubige werden sich von ihrer Religion abwenden und andere Wege einschlagen. Ich selbst stamme aus einem christlichen Elternhaus und warte schon lange auf eine plausible Antwort seitens der Kirche. Nun sollte es als Physiker eigentlich nicht meine Aufgabe sein, theologische Probleme zu lösen, aber vielleicht können meine Gedanken neue Denkanstöße geben. Meine Auffassung von Ewigkeit als »Perspektive des Lichts«[106] ist bei vielen Gläubigen auf reges Interesse gestoßen. Also will ich den Versuch wagen, mich auch der schwierigen Theodizee-Frage zu stellen. Ich biete nicht weniger als drei Antworten an, wovon jede einzelne meines Erachtens schlüssig ist. In ihrer Kombination betrachte ich das Problem als gelöst.

Antworten auf die Theodizee-Frage

Antwort 1: Gut und Böse bedingen sich gegenseitig.
Antwort 2: Es gibt höhere Werte als mich.
Antwort 3: Gott ist nicht allmächtig.

Gut und Böse bedingen sich gegenseitig

Wie könnte die Natur gesund sein, wenn sie nie krank wäre? Wie könnte die Natur nach Liebe streben, wenn sie nie Hass fühlte? Wie könnte die Natur nach Erkenntnis streben, wenn sie nie in Unkenntnis wäre? Es ist allzu offensichtlich: Gut und Böse bedingen sich gegenseitig. Würde Gott alles Böse in der Welt abwenden, gäbe es auch nichts Gutes.

Es gibt höhere Werte als mich

Im Kapitel *Das personale Ich* habe ich erläutert, warum ich das Ich nicht als eine Person (eine eigene Identität) auffasse, sondern als ein Fühlen und Lernen der Natur. Zur Erinnerung: Nach der Quantentheorie bilden das Ich und die Natur eine untrennbare, sich entwickelnde Einheit. Folglich macht es keinen Sinn, dem Ich eine eigene Identität zuzuschreiben. Wenn das Ich keine Person ist, braucht Gott aber auch nicht einzugreifen, um es vor Gewalt zu schützen. Es gibt höhere Werte als mich, nämlich das, was ich fühle und lerne.

Gott ist nicht allmächtig

Das apostolische Glaubensbekenntnis der Christen beginnt mit den Worten: »Ich glaube an Gott, den Vater, den Allmächtigen, den Schöpfer des Himmels und der Erde …«[107] Viele Gläubige rund um den Globus sprechen es nach, ohne sich bewusst zu machen, dass sie damit vielleicht unmögliche Erwartungen an Gott knüpfen. Ich selbst habe es lange getan, fasse Gott heute aber nicht mehr als allmächtig auf, sondern als mächtig. Auch im Islam gilt Allah als allmächtig: »Diejenigen, die nicht Allah anrufen, werden nicht einmal eine Fliege erschaffen können, auch wenn sie sich dafür zusammentäten … Sie schätzen Allah nicht ein, wie es ihm gebührt. Allah ist wahrlich stark und allmächtig.«[108]

»Allmacht« ist ein äußerst problematischer Begriff, weil er einen versteckten Selbstbezug enthält. Etwas Allmächtiges könnte seine Macht auf alles ausüben, also auch auf sich selbst. Es würde sich seiner eigenen Freiheit berauben! Mit anderen Worten: Ein allmächtiger Gott hätte keine Freiheit. Dabei müsste das Gegenteil zutreffen: Ein allmächtiger Gott müsste auch über die Macht verfügen, sich Freiheit zu verschaffen. Die einzige Möglichkeit, diesen logischen Widerspruch aufzulösen, besteht darin, Gottes Allmacht in Frage zu stellen. »Allmächtig« ist eine von gottesfürchtigen Menschen erdachte Eigenschaft, die der Logik widerspricht. Der allmächtige Gott ist eine Illusion.

Wem meine Antworten 1 und 2 auf die Theodizee-Frage nicht plausibel sind, erkennt spätestens mit Antwort 3, dass sich das gesamte Problem erübrigt, weil es den allmächtigen Gott gar nicht gibt. Demnach kann Gott existieren, ohne im Zugzwang zu sein. Mir fällt sogar ein plausibler Grund ein, warum Gott am 11. September 2001 nicht in das Geschehen eingreifen konnte: Gott ist nicht außerhalb. Eingreifen kann man nur von außen! Doch wo ist Gott? Ich glaube, dass uns Gott in allem begegnet, was lebt: in jeder Pflanze, in jedem Tier und in jedem Menschen (siehe Abbildung 33).

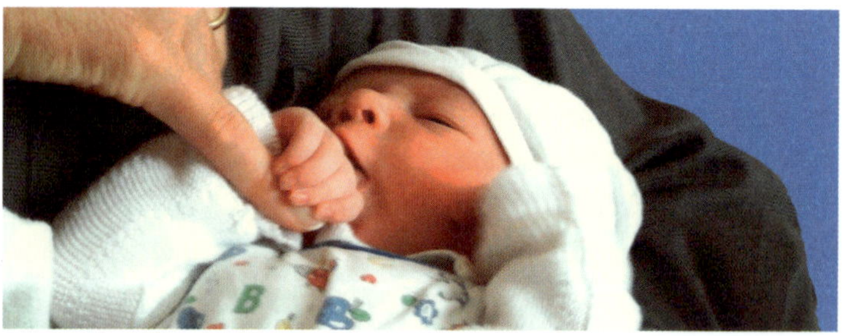

Abb. 33: Gott erfahren in der Begegnung

Dass Gottes Macht beschränkt sein muss, lässt sich auch an einer anderen Zutat der Schöpfung ablesen, über die wir bereits philosophiert haben: dem Zufall. Er hat die bemerkenswerte Eigenschaft, dass er sich nicht beeinflussen lässt. Hätte Gott die Macht, den Verlauf eines an sich zufälligen Ereignisses zu lenken, so wäre es nicht zufällig. Hätte Gott die Macht, unseren freien Willen zu lenken, so wäre er nicht frei. Gott hat sich für den Zufall und damit für den freien Willen entschieden. Gott nimmt also in Kauf, dass der eine oder andere ein Opfer von Naturkatastrophen und Terroranschlägen wird. Das klingt zunächst grausam, aber es ist nur dann grausam, wenn ich mich als einen Wert auffasse, den es zu schützen gilt. Es spricht alles dafür, dass dem nicht so ist. Als ein Fühlen und Lernen bin ich kein Wert. Wertvoll ist allein das, was ich fühle und lerne: Liebe und Erkenntnis. Indem ich fühle und lerne, entfaltet sich Gott. Ohne Zufall wäre es Gott gar nicht möglich, sich zu entfalten!

Gott nimmt auch in Kauf, dass der eine oder andere ein Opfer von Krankheiten und Unfällen wird. Natürlich fallen weder Krankheiten noch Unfälle vom Himmel. Beide haben Ursachen wie Viren, Bakterien, genetische Defekte, technische Defekte oder Unachtsamkeit. Doch das Schicksal eines Lebewesens ist nicht vorherbestimmt. Im Augenblick seiner Geburt steht nicht fest, wo, wann und wie es sterben wird. Eine Krankheit, ein Unfall, aber auch eine Naturkatastrophe oder ein Terroranschlag ist für alle Betroffenen ein blinder Zufall. Es fällt ihnen zu, weil sie zur falschen Zeit am falschen Ort sind. Es wäre unfair, solche Schicksalsschläge als »Gottes Wille« aufzufassen. Gott verantwortet allenfalls die Existenz von Zufall, aber das mit gutem Grund: Erst Zufall macht das Leben interessant. Ohne die zufällige Begegnung meiner Eltern gäbe es mich gar nicht.

Einige Theologen behaupten, dass ich Gottes Herrlichkeit nicht gerecht würde, wenn ich seine Allmacht in Frage stelle. Doch sie übersehen dabei, dass Gott in meiner Weltsicht *viel mehr* ist als nur ein Schöpfergott. Ich glaube, dass Gott Schöpfer und Schöpfung zugleich ist, also Ursache und Wirkung in einem. Gott leistete nicht nur einen einmaligen Schöpfungsakt, um sich darüber freuen zu können, sondern Gott spielt aktiv in seiner Schöpfung mit. Diese Auffassung ermöglicht eine Verknüpfung der Schöpfergott-Religionen mit Spinozas Pantheismus. Erinnern Sie sich? Für Spinoza war die Natur Schöpfer und Schöpfung zugleich. Allerdings setzte Spinoza Natur mit Gott gleich und sprach Gott damit alle personalen Eigenschaften ab. Es fällt schwer, zu einem Naturgesetz zu beten. Ich halte es für durchaus legitim, dass wir uns Gott als einen Schöpfer vorstellen, weil wir nur zu einem Gegenüber eine Beziehung aufbauen können. Das ist die Ursache »Gott«. Aus der Perspektive des Lichts könnte Gott jedoch zugleich die ganze Schöpfung sein. Das ist die Wirkung »Gott«. Unbeantwortet bleibt die Frage, wie etwas Ursache und Wirkung in einem sein kann. Doch womöglich ist genau das der Grund, weshalb wir uns kein Bild von Gott machen können und sollen. Es ist Gottes Geheimnis.

Die Auffassung von Gott, die ich hier vertrete, hat einen wissenschaftlichen Namen: Pan*en*theismus. Seine Anhänger gehen davon aus, dass sich Gott in der Natur offenbart und doch mehr als sie umfasst. Gott ist der Natur immanent und zugleich transzendent zu ihr. Das heißt: Gott und die Natur sind nicht zwei, wie auch die Natur und ich. Viele Mystiker, Theologen, Dichter, Philosophen und Mathematiker standen dem Panentheismus nahe, darunter Meister Eckhart, Nikolaus von Kues, Johann Gottfried Herder, Johann Wolfgang von Goethe und Alfred North Whitehead.

Dass Gott nicht allmächtig ist, hat weitreichende Konsequenzen: Wenn Gott das Böse nicht abwenden kann, sind Fürbitten sinnlos. Eine Fürbitte hilft gar nicht denen, für die wir beten, sondern allenfalls denen, die das Gebet sprechen. Beten ist eine Möglichkeit, in sich zu gehen und an der eigenen Demut zu gesunden. Diese Demut umfasst auch die Erkenntnis, dass Gott sicher nicht Partei ergreifen wird. Ein Krebspatient stellt Gott vor eine unlösbare Aufgabe, wenn er ihn (oder es) im Kampf gegen die Krebszellen um Hilfe bittet. Wie soll sich Gott entscheiden, wenn auch die Krebszellen ein Recht auf Leben haben?

Falls Gott existiert, ist er (oder es) höchstwahrscheinlich für alle Lebensformen da. Krebspatienten in einem bereits fortgeschrittenen Stadium haben mir mitgeteilt, dass sie gar nicht mehr um Hilfe bitten, sondern danken – für das Leben, das ihnen geschenkt wurde. Dankgebete sind die ursprüngliche Form des Betens. Wer dankt, nimmt sich selbst ganz zurück. Er erkennt, dass alles, was lebt, eine Daseinsberechtigung hat. Manche Lebensformen, darunter auch Krebszellen und Egoisten, haben aber vergessen oder nie gelernt, die Gemeinschaft wertzuschätzen. Sie denken nur an sich selbst und nicht an das Gemeinwohl. Ihnen fehlt das Bewusstsein, zu einem großen Ganzen zu gehören; zu einer Natur, für die sie mitverantwortlich sind. Langfristig schaufeln sie sich ihr eigenes Grab, weil sie nicht oder zu spät erkennen, dass sie auf die Gemeinschaft angewiesen sind.

Wie komme ich zu der gewagten Hypothese, dass auch Krebszellen und Egoisten eine Daseinsberechtigung haben? Sie beruht auf der Annahme, dass uns Gott in allem begegnet, was lebt. Keine Lebensform ist von sich aus »gut« oder »böse«. Auch aus mir hätte ein Verbrecher werden können, wenn ich in meiner Kindheit weder Liebe noch Allgemeinbildung erfahren hätte. Es sind eben nicht nur die Gene, die mein Handeln bestimmen. Einen weitaus größeren Einfluss hat das soziale Umfeld, in das ich hineingeboren werde und das ich mir nicht aussuchen kann. Gott fühlt und lernt durch alles, was lebt. Bei gesunden Zellen liegt der Schwerpunkt vermutlich auf »Fühlen«, bei Krebszellen und Egoisten auf »Lernen«. Auch Krebszellen verfügen über Rezeptoren und sind lernfähig, aber ihre Kommunikationsfähigkeit ist stark eingeschränkt. Wir müssen lediglich lernen, wie wir sie für das Gemeinwohl sensibilisieren können. Vielleicht liegt die Zukunft der Krebsforschung nicht in der Entwicklung neuer Chemo- und Strahlentherapien, sondern im Umprogrammieren von Krebszellen. Aussichtsreiche Konzepte sind bereits in der Testphase.[109]

In vielen Religionen gilt Gott nicht nur als allmächtig, sondern auch als allliebend und allwissend. Widersprechen diese beiden »all«-Eigenschaften ebenfalls der Logik? Nein! Um das zu verstehen, müssen wir jedoch zwei Perspektiven unterscheiden. Um alles lieben und alles wissen zu können, muss Gott zunächst fühlen und lernen – zum Beispiel durch uns. Gott fühlt und lernt durch jede Pflanze, jedes Tier und jeden Menschen. Das geschieht in Raum und Zeit, also aus unserer Perspektive. Aus seiner Perspektive, der Perspektive des Lichts, liebt und weiß Gott alles, *weil* er (oder es) durch uns fühlt und lernt. Es besteht also ein kausaler Zusammenhang zwischen unserem Fühlen und Lernen sowie der Liebe und dem Wissen Gottes.

Wir sind es, die mit unserem Fühlen und Lernen dafür sorgen, dass Gott alles liebt und alles weiß. Diese Vorstellung wertet das Ich ungemein auf; viel mehr als jeder *selfie* (auf Deutsch: Selbstporträt) und jedes *casting* (auf Deutsch: Auswahlverfahren). Weil aber nahezu alle politischen, wirtschaftlichen und sozialen Konflikte aus einem überbewerteten Ich resultieren, finde ich es angemessen, das Ich in seine Schranken zu verweisen. Im Grunde sind wir ein Mittel zum Zweck – ein Fühlen und Lernen zum Erschaffen von Liebe und Erkenntnis. Ich bin mir durchaus bewusst, dass meine Auffassungen von Gott und vom Ich gewöhnungsbedürftig sind. Ihr Reiz liegt darin, dass sie meinem Leben einen tieferen Sinn geben. Gott ist auf jedes Lebewesen angewiesen. Tatsächlich können wir Gott überall in der Natur entdecken, sofern es uns gelingt, ihn (oder es) wieder frei von religiösen Überlieferungen zu denken.

Wenn ein lieber Mensch stirbt, suchen die Angehörigen Trost. Das ist verständlich und erfordert Anteilnahme. Viele Gläubige hoffen auf ein Leben nach dem Tod und erfahren Unterstützung durch Religionen. Manche Pfarrer stellen bei Bestattungen ein »Wiedersehen« mit dem Verstorbenen in Aussicht. Andere geben dieses Versprechen bewusst nicht, weil sie keine Hoffnungen wecken wollen, die sich womöglich als falsch erweisen. Wie wahrscheinlich ist es, dass ich nach meinem Tod weiterleben kann?

Nach den Sternen greifen

Der *allmächtige* Gott ist eine Illusion.
Gott und die Natur sind nicht zwei.
Gott fühlt und lernt durch uns.

**Wenn wir nur noch Geist wären,
wie schmeckt dann Schokolade?**
Bruce Lipton

Das Leben nach dem Tod

Seit Jahrtausenden denken Menschen aus unterschiedlichen Kulturen über das Sterben nach. Sie fragen sich, ob es etwas gibt, das ihren hinfälligen Körper überdauert. Die Vorstellung einer unsterblichen Seele hilft vielen Trauernden, den Schock zu verarbeiten, den der Tod eines geliebten Angehörigen oder Freundes auslöst. Was bleibt davon im Zeitalter naturwissenschaftlicher Erkenntnis?

Der biologische Tod markiert das endgültige Aussetzen aller Organfunktionen. Endgültig bedeutet, dass keine Wiederbelebung mehr möglich ist. Deshalb kann niemand etwas über den biologischen Tod berichten. Eine Nahtoderfahrung ist keine Na*c*htoderfahrung. Wer sich an ein Sterbeerlebnis erinnert, war nicht biologisch tot, sondern allenfalls klinisch tot – er hatte »nur« einen Herzstillstand. Demnach sind alle Gedanken über ein Leben nach dem Tod reine Spekulation. Sie können Trost spenden, aber auch nicht mehr. Mit seiner Frage trifft der US-amerikanische Biologe Bruce Lipton den Nagel auf den Kopf. Auch wenn sich unser Leben nicht auf das Schmecken von Schokolade reduzieren lässt: Wären wir noch lebendig, wenn wir nichts mehr wahrnehmen könnten? Ohne einen Körper könnten wir Informationen weder aufnehmen, noch verarbeiten, noch an andere kommunizieren. Nur die Information selbst benötigt keinen Körper. Sie kann einfach im Licht bestehen.

Für eine »postmortale Existenz« gibt es prinzipiell zwei verschiedene Möglichkeiten: 1) eine Reinkarnation, also das Weiterleben in einem neuen, ebenfalls materiellen Körper; 2) eine Weiterexistenz im Licht. Die Existenz eines immateriellen, »feinstofflichen Körpers« oder »Astralleibs« schließe ich aus. Jeder Körper, jeder Leib und jeder noch so feine Stoff sind materiell. Das Immaterielle hat keinen Körper; es kann insbesondere weder fühlen noch lernen.

Der Glaube an die eigene Reinkarnation ist wesentlicher Bestandteil der hinduistischen Lehre. Nur bei einer solchen Wiedergeburt hielte ich den Begriff »Leben nach dem Tod« für angemessen, weil ich dann in einem neuen Körper weiterleben könnte. Dass ich nicht an die Wiedergeburt glaube, hängt mit meiner Auffassung vom Ich zusammen: Ein Ich, das ein Fühlen und Lernen ist, stirbt mit seinem Körper. Es hat keine eigene Identität, das heißt, es kann seinen Körper nicht verlassen, um in einem anderen Körper wiedergeboren zu werden. Dass Menschen behaupten, schon einmal gelebt zu haben, lässt sich einfacher und eleganter erklären als mit der Wiedergeburtstheorie und einem großen Pool von Ichs: Licht ist ein immaterieller Informationsspeicher. Mit allem, was wir tun, verändern wir das Lichtfeld[110] um uns herum. Wer Zugriff auf diesen Speicher hat, kann Details aus dem Leben eines bereits Verstorbenen erfahren. Er wird sich mit dem Verstorbenen identifizieren, solange ihm die Quelle der Informationen nicht bewusst ist.[111]

Christen glauben an die Auferstehung und nicht an eine Wiedergeburt. Weshalb diese nicht vorstellbar ist, erläutert der deutsche Theologe Hans Küng: »Beim Aufwecken und Aufstehen aus dem Tod geht es nicht um die Rückkehr in den früheren Wachzustand des alltäglichen Lebens, sondern um die radikale Verwandlung in einen völlig anderen, unerhört neuen, endgültigen Zustand: das ewige Leben. Und da gibt es nichts auszumalen, vorzustellen, zu verobjektivieren. Es wäre ja gar kein anderes Leben, wenn wir es mit Begriffen und Vorstellungen aus unserem Alltagsleben anschaulich machen könnten.«[112] Küngs Gedanken mögen zunächst plausibel klingen, aber einem kritischen Hinterfragen halten sie nicht stand: Wie kann Leben ein Zustand sein? Zeichnet es sich nicht durch Aktivität und Veränderung aus?

Allein die Rede vom »ewigen Leben« ist ein logischer Widerspruch in sich. Wenn das Ewige alles umfasst, lässt es nichts Neues zu, also auch keine Aktivität und kein Leben. Ich setze die Ewigkeit mit der Perspektive des Lichts gleich, weil Licht überall und immer ein stiller Zeuge ist. Es speichert auch jeden Augenblick, den Sie mit dem Lesen dieses Buches verbringen (siehe Abbildung 34). Ewigkeit ist – und das führt oft zu Missverständnissen – keine Extrazeit nach dem Tod, in der Sie neue Bücher lesen könnten. Das gilt für jede Tätigkeit: Weil die Ewigkeit alles umfasst, was Sie tun, bietet sie keine Extrazeit, um etwas Neues zu tun!

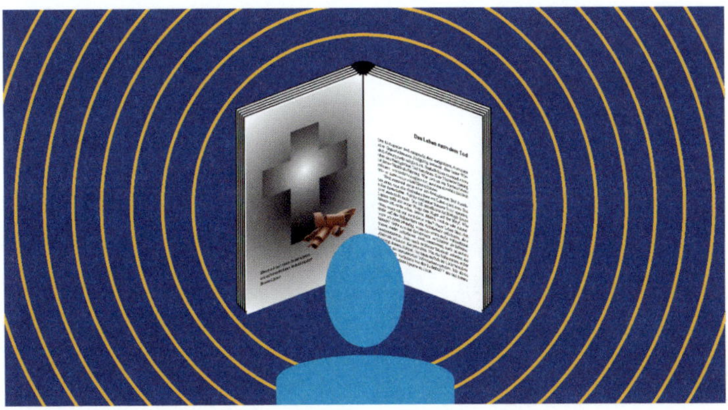

Abb. 34: Licht als Informationsspeicher

Die Kreise in Abbildung 34 deuten an, wie das Licht als Informationsspeicher fungiert. Sie stehen für das Licht, das vom Buch und von Ihnen ausgeht. Dieses Licht enthält nicht nur die Informationen der Buchseiten, die Sie gerade lesen, sondern auch Informationen über Sie und das, was Sie gerade tun. Wie alle materiellen Objekte erzeugen Sie infrarotes Licht in Form von Wärmestrahlung. Selbst Ihre Gedanken hinterlassen Spuren im Licht, weil jede elektrische Aktivität im Gehirn ein elektromagnetisches Feld induziert.

Anders als Schall, der sich nicht im Vakuum ausbreiten kann, durchflutet Licht den Kosmos mit Lichtgeschwindigkeit. Licht, das Sie abgestrahlt haben, können Sie nie mehr einholen und löschen, weil es immer schneller ist als Sie. Es ist Ihr Eintrag ins Tagebuch der Schöpfung, und es existiert auch noch nach Ihrem Tod. Wie das funktioniert, illustriert Abbildung 35: Die linke Hälfte zeigt das Licht, das Sie jetzt abstrahlen; die rechte Hälfte zeigt dasselbe Licht 1000 Jahre später, wenn es sich 1000 Lichtjahre von der Erde entfernt hat.[113] Information geht nicht dadurch verloren, dass sie sich verteilt und an einem Ort nicht mehr nachweisbar ist.

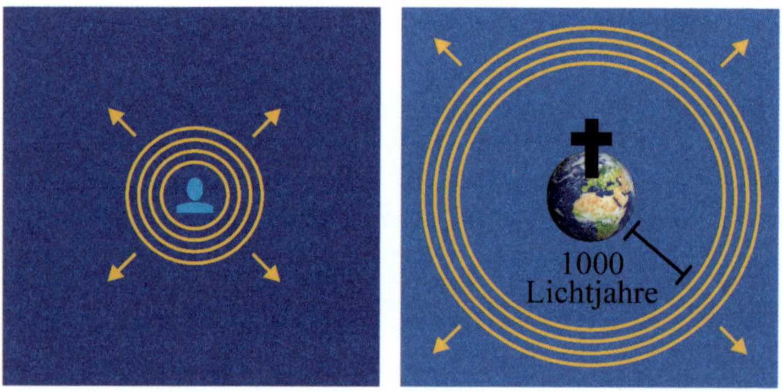

Abb. 35: Ihr Licht heute und tausend Jahre später

Abbildung 35 besteht aus zwei Hälften, zwischen denen 1000 Jahre liegen. Aus unserer Perspektive breitet sich das Licht aus, und Sie werden nach 1000 Jahren gestorben sein. Aus der Lichtperspektive ergibt sich ein *nicht zwei*geteiltes Bild, das ich versuche, in Abbildung 36 zu skizzieren. Für das Licht hat jede räumliche und zeitliche Distanz den Wert null, das heißt, alles ist hier und jetzt.[114] Insbesondere kennt das Licht weder Vergangenheit noch Zukunft, sondern nur Gegenwart. Im Licht ist alles dokumentiert – jedes Ereignis im Leben einer Pflanze, eines Tieres und eines Menschen. Wir müssen nicht Licht sein, um uns ausmalen zu können, wie vollendet die Lichtperspektive ist. Achtsam sein genügt, wie uns der italienische Autor Tiziano Terzani zeigt: »Wenn du es dir genau überlegst … ist die Erde, auf der wir leben, im Grunde ein riesiger Friedhof. Ein immens großer Friedhof all dessen, was gewesen ist … Wir stellen uns Friedhöfe immer wie Orte der Trauer vor, Orte des Leidens, der Tränen. Dieser Friedhof aber, die Erde, ist wunderschön. Mit all den Blumen, die darauf wachsen, mit all den Ameisen und Elefanten, die darüber laufen. Er ist die Natur!«[115]

Abb. 36: Die Lichtperspektive

Dieser wunderschöne Friedhof, die Natur, ist geradezu genial. Sie kombiniert immer wieder die gleichen Baustoffe zu neuen Lebensformen. Mein Körper besteht aus Atomen, die vor langer Zeit vielleicht zu einem Saurier gehört haben und nach meinem Tod einen Wurm ernähren werden (siehe Abbildung 37). Eine »Auferstehung des Fleisches«, wie sie immer noch von einigen Theologen gedacht wird, halte ich für völlig ausgeschlossen. In welchem Körper sollte das rote Atom aus Abbildung 37 denn auferstehen: in einem Saurier, in mir oder in einem Wurm? Die Natur fühlt und lernt nicht durch eine Auferstehung von den Toten, sondern indem sie ihre eigenen Baustoffe recycelt.

Abb. 37: Recycling eines Atoms

Viele Gläubige hoffen, dass sie nach dem Tod ihr Leben ohne einen Körper fortführen könnten. Doch wozu habe ich einen Körper, wenn ich auch ohne ihn existieren könnte? Es ist mein Körper, der mich fühlen und lernen lässt. Ohne ihn kann ich, ein Fühlen und Lernen, nicht mehr sein. Es könnte jedoch eine unsterbliche Seele geben, sofern diese fähig ist, sich vom Körper zu lösen, wenn er stirbt. Außerkörperliche Erfahrungen sind Hinweise darauf, dass wir in Extremsituationen auf Informationen außerhalb des Körpers zugreifen können. Nahtoderfahrene berichten, sie hätten ihren Körper von oben »wahrgenommen«.[116] Dass es sich dabei nicht um ein physisches Sehen handeln kann, versteht sich von selbst. Ich vermute, dass Sterbende an den Lichtspeicher andocken und so Informationen aus ihrem Umfeld empfangen können, die sie nach einer Wiederbelebung verarbeiten. Ihr Körper wirkt dabei wie eine Empfangsantenne (siehe Abbildung 38 links). Das Zuteilwerden von Informationen wird als Wahrnehmung interpretiert.

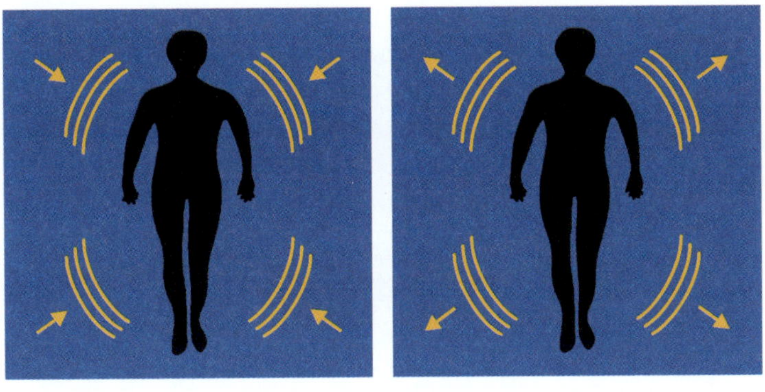

Abb. 38: Der Körper als Empfänger und Sender

Antennen sind keine Einbahnstraßen. Der Körper könnte außerdem die Funktion einer Sendeantenne übernehmen und Informationen aus seinem Inneren in das Lichtfeld einspeisen (siehe Abbildung 38 rechts). Handelt es sich dabei um die Seele des Sterbenden? Nahtoderfahrene bezeichnen Liebe und Erkenntnis als die höchsten Werte, die das Leben zu bieten hat. Was liegt näher, als die Seele eines Lebewesens mit seiner Liebe und Erkenntnis gleichzusetzen? Indem diese Seele beim Sterben ins Licht taucht, werden aus Liebe und Erkenntnis zwei Werte für die Ewigkeit.

Im Jahr 2007 sind meine beiden Eltern nur wenige Tage nacheinander gestorben. Natürlich verspürte ich damals den Wunsch, nochmals mit ihnen sprechen zu können – bis mir eines Tages bewusst wurde, wie belanglos ein solches Gespräch ablaufen würde: In einer Ewigkeit, die alles umfasst, ist jede Kommunikation sinnlos. *Was sollte ich denn meinen Eltern noch mitteilen, wenn in der Ewigkeit ohnehin schon alles bekannt ist? Sie wüssten es dann doch schon …*

Nehmen Sie sich Zeit und denken Sie in aller Ruhe über den letzten Absatz nach! Es lohnt sich. Sie werden wie ich jede Hoffnung auf ein Weiterleben nach dem Tod begraben und dennoch ein positives Verhältnis zum Tod entwickeln. Eine Ewigkeit, die alles umfasst, enthält nämlich auch jeden Augenblick Ihres Lebens, den Sie gerne festgehalten hätten. Das gilt auch für meine Eltern und mich: Alles, was ich mit meinen Eltern erleben durfte, ist im Licht gespeichert. Diese Erkenntnis schenkt mir sehr viel Kraft. Als Weltgedächtnis siegt das Licht über den Tod.

Weshalb tun wir uns so schwer mit dem Sterben? Weil wir nicht akzeptieren wollen, dass unser Leben endlich ist! Viele Menschen verdrängen das Sterben bis an ihr Lebensende, obwohl täglich Milliarden von Zellen in ihrem Körper verenden. Sie glauben, dass das Sterben ohnehin bloß einen kurzen Augenblick dauere, obwohl sie während der Lebensrückschau mehr lernen werden als in ihrem ganzen Leben. Andere kämpfen gegen den Tod und verteufeln ihn, obwohl es doch gerade der Tod ist, der das Leben so kostbar macht. Wozu sollte ich jetzt etwas tun, wenn ich unsterblich wäre? Dann könnte ich es auch irgendwann später tun. Der Kampf gegen den Tod ist unproduktiv. Langfristig kann ich diesen Kampf nur verlieren. Genau diese Erkenntnis ist der Schlüssel, um die Angst vor dem Tod zu besiegen: Weil mein Ich im Kampf gegen den Tod verlieren muss, sollte ich es nicht als meinen höchsten Wert betrachten. Und wenn ich das Ich nicht als meinen höchsten Wert betrachte, kann ich getrost davon loslassen – wenn es soweit ist.

Anderen Menschen die Angst vor dem Tod zu nehmen, ist ein schönes Ziel. Noch wichtiger ist mir aber die folgende Botschaft: Wenn die Ewigkeit jeden Augenblick meines Lebens umfasst, dann auch jeden Augenblick, den ich noch erleben darf. Folglich kann ich mit allem, was ich noch tun werde, die Ewigkeit aktiv mitgestalten. Es geht mir darum, Ihre Aufmerksamkeit auf das Hier und Jetzt zu lenken und so den Wert des Lebens herauszuarbeiten. Viele Menschen hoffen auf ein Leben nach dem Tod, machen sich aber nur selten bewusst, wie wertvoll das Leben davor ist. Mit allem, was ich hier und jetzt tue, trage ich zur Ewigkeit bei. Wenn Sie sich diesen Zusammenhang bei allen Ihren Handlungen vergegenwärtigen, werden Sie ab jetzt immer die bestmögliche Entscheidung treffen.

Oft werde ich gefragt, wie wir die Ewigkeit mitgestalten können, wenn sie doch nichts Neues zulässt. Dieser scheinbare Widerspruch löst sich auf, sobald Sie die unterschiedlichen Perspektiven berücksichtigen. Aus unserer Perspektive entsteht Ewigkeit, indem wir Informationen generieren. Aus der Perspektive des Lichts hat jede räumliche und zeitliche Distanz den Wert null, das heißt, alle erdenklichen Informationen sind gegenwärtig. Die Ewigkeit ist eben keine andere Welt, in die wir nach dem Tod eintauchen könnten, sondern sie ist alle »Jetzts« auf einmal (nicht nacheinander!). Genau deshalb ist die Ewigkeit vollkommen und lässt nichts Neues mehr zu. Sie ist wie ein Buch, dessen Autoren wir alle sind. Jeder von uns schreibt, solange er lebt, sein eigenes Kapitel in diesem Buch. Aus unserer Perspektive entsteht das Buch erst, aber aus der Perspektive des Buches sind alle Kapitel gegenwärtig. Ein Buch existiert auch dann noch, wenn seine Autoren längst gestorben sind.

Experiment Nr. 6

Das Experiment, das ich Ihnen jetzt vorschlagen möchte, ist das schwerste und verblüffendste zugleich: Stellen Sie sich für ein paar Minuten vor, Sie könnten dieser Welt voll und ganz vertrauen! Alles, was Sie erleben, hat einen Sinn, auch wenn Sie ihn nicht immer gleich erkennen. Jedes Problem ist ein verkleidetes Geschenk, das Sie nur noch auspacken müssen. Jede unangenehme Erfahrung enthält eine versteckte Botschaft, die Sie nur noch entschlüsseln müssen. Überlegen Sie, wie diese Weltsicht Ihr Leben verändern würde! Welche neuen Aufgaben könnten Sie sich zutrauen? Womit würden Sie aufhören, sobald Sie die Botschaft entschlüsselt haben? Eine ganze Menge in Ihrem Leben könnte plötzlich in Bewegung geraten …

Das Experiment, das Sie eben begonnen haben, dürfen Sie bis zu Ihrem Lebensende durchführen. Es ist nicht neu, sondern mindestens 2000 Jahre alt. Jesus Christus und viele andere Erleuchtete sprachen immer wieder davon, dass wir zuversichtlich auf etwas wie Gott vertrauen dürfen. Dieses *Urvertrauen* oder auch *Gottvertrauen* ist eine Grundvoraussetzung, um schließlich loslassen zu können. Es ist dieselbe Art von Vertrauen, das auch zwei Menschen haben, die sich in ihrer Liebe zueinander verlieren. Sie vergessen sich und werden ein Ganzes. Sterben ist nichts anderes als ein Sich-Verlieren in der Liebe und Erkenntnis Gottes. Wenn wir am Ende des Sterbens alles lieben und wissen wie Gott, braucht es uns nicht mehr. Spätestens dann ist Gott kein Gegenüber mehr, und das Ich löst sich auf.

Das Leben nach dem Tod war die letzte der insgesamt neun Annahmen über die Wirklichkeit, die ich für eine Illusion halte. Im Schlusskapitel werde ich erläutern, woher ich mein Gottvertrauen nehme. Die Antwort ist im Grunde ganz einfach: Ich beobachte die Natur.

Nach den Sternen greifen

Das Leben *nach* dem Tod ist eine Illusion.
Die Ewigkeit gestalte ich hier und jetzt.
Das Licht ist ein Weltgedächtnis.

Bewusstwerdung der Natur

Ein Bild sagt mitunter mehr als Worte. Dieser einzigartige Schnappschuss eines Grauhörnchens belegt auf unverblümte Weise das Bewusstsein der Natur. Behutsam ergreift das Grauhörnchen den Stängel eines Löwenzahns und schnuppert an seiner Blüte. Warum tut es das? Es scheint vom Duft der Blüte fasziniert zu sein – und ich bin fasziniert von der anmutigen Haltung, mit der es in diesem Augenblick fühlt und lernt. Neugierig richtet es sich auf, um die Herkunft des geheimnisvollen Dufts zu ergründen. Neugier ist ein untrügliches Zeichen von Bewusstheit. Wer neugierig ist, stellt all seine Sinne auf Empfang. Das Grauhörnchen *will* dem Duft auf die Spur kommen. In dieser Situation wird sich die Natur (Grauhörnchen) ihrer selbst (Löwenzahn) bewusst.

Der Begriff »Bewusstsein« wird sehr vielfältig verwendet. Bevor wir uns näher mit der Bewusstwerdung der Natur befassen, gilt es, die folgenden drei Fragen zu klären:

Fragen zum Bewusstsein

Frage 1: Was ist Bewusstsein?
Frage 2: Wo ist Bewusstsein?
Frage 3: Wie entsteht Bewusstsein?

Was ist Bewusstsein?

Das lateinische Wort *conscientia* (auf Deutsch: Mitwissen, aber auch Gewissen und Mitgefühl) ist wesentlich aussagekräftiger als der deutsche Begriff »Bewusstsein«. Wenn ich von Bewusstsein spreche, meine ich damit stets Mitwissen *und* Mitgefühl. Ich tue etwas bewusst, wenn ich mitwissend und mitfühlend agiere. Zum Mitwissen muss ich auf Informationen zugreifen können; Information ist also eine zentrale Voraussetzung für Bewusstsein. Zum Mitfühlen muss ich diese Informationen miteinander vergleichen und bewerten können; die Informationen müssen also auch noch stark vernetzt sein, damit sich Bewusstsein entwickeln kann. Der technische Fortschritt in der Entwicklung von Siliziumchips ist so rasant, dass sich die Informationen in einem Computer bald ähnlich vernetzen lassen werden wie in einem menschlichen Gehirn. Wird ein solcher Computer ein Bewusstsein entwickeln? Die Meinungen der Wissenschaftler gehen weit auseinander. Für die Befürworter gibt es keinen erkennbaren Grund, weshalb Bewusstsein auf organische Strukturen beschränkt sein sollte. Die Skeptiker gehen davon aus, dass sich Gefühle nicht alleine durch die Vernetzung von Information erzeugen lassen. Werden Computer jemals Empathie zeigen können?

Wo ist Bewusstsein?

»Ohne Hirn ist alles nichts«, lautet die Leitthese der modernen Hirnforschung.[117] Ich kann ihr nicht zustimmen. Als das erste Leben auf der Erde entstand, gab es noch kein einziges Gehirn, aber dennoch eine Realität, aus der irgendwann die Menschheit hervorgegangen ist. Die Annahme, dass damals alles nichts war, ist somit widerlegt. Darum schlage ich eine andere Formulierung der These vor: Ohne Materie fühlt und lernt sich nichts. Wie bereits erläutert, benötigt Information keine Materie; sie kann auch im Licht bestehen. Aufnahme und Verarbeitung von Information erfordern aber materielle Strukturen wie Rezeptoren und Neurone. Pflanzen verfügen über Rezeptoren und können zum Beispiel fühlen, aus welcher Richtung die Sonne scheint. Sie drehen ihre Blätter und Blüten instinktiv ins Sonnenlicht (siehe Abbildung 39). Das Gefühl von Pflanzen ist allerdings sehr primitiv. Sie können Informationen aufnehmen und verarbeiten, aber noch nicht miteinander vergleichen und bewerten.

Abb. 39: Pflanzen fühlen das Sonnenlicht

Die meisten Tiere fühlen bereits viel differenzierter als Pflanzen, beispielsweise ob von einem anderen Lebewesen Gefahr ausgeht oder nicht. Um ein Mitgefühl entwickeln zu können, scheinen spezielle Neurone erforderlich zu sein, die schon in den Gehirnen von Affen und Menschen gefunden wurden: sogenannte *Spiegelneurone.*[118] Das sind Nervenzellen im Gehirn, die beim Wahrnehmen eines Vorgangs dasselbe Aktivitätsmuster produzieren, das entstünde, wenn der Vorgang selbst durchgeführt wird: Wenn Sie ein lachendes Gesicht sehen, reagieren Ihre Spiegelneurone so, als würden Sie selbst lachen (siehe Abbildung 40 oben). Das trifft auch auf andere Sinne zu: Wenn Sie ein Lachen hören, reagieren Ihre Spiegelneurone so, als würden Sie selbst lachen (siehe Abbildung 40 unten). Ähnlich läuft wohl unser Denken ab: Wenn Sie an ein Lachen denken, reagieren Ihre Spiegelneurone so, als würden Sie tatsächlich lachen.

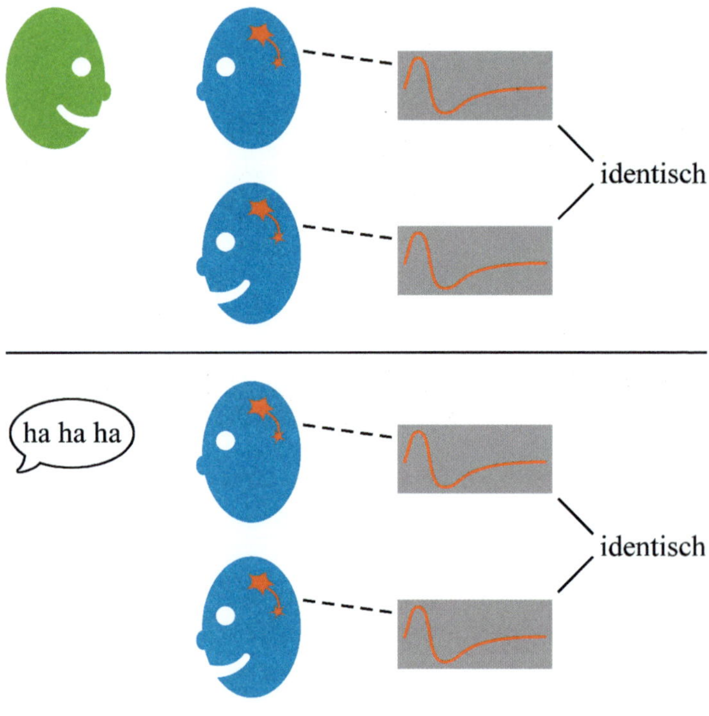

Abb. 40: Funktionsweise eines Spiegelneurons

Spiegelneurone ermöglichen es, sich in ein Gegenüber oder in ein Später hineinzuversetzen: Sie spiegeln uns eine andere Perspektive. Die Fähigkeit, die Perspektive wechseln zu können, halte ich für ein wesentliches Merkmal von Bewusstsein. Anders als ein Instinkt lässt mich diese Fähigkeit reflektieren, zum Beispiel über die Folgen meines Handelns für ein Gegenüber oder für ein Später. Computer, die bloß Befehle ausführen, haben kein Bewusstsein. Spiegelneurone bringen uns in Resonanz mit anderen und mit der Natur. Sie sind mit dem Resonanzkörper eines Musikinstruments vergleichbar: Wenn wir eine Gitarrensaite zupfen, bringen wir auch die anderen Saiten zum Schwingen.

Licht kann all das nicht. Es ist ein Informationsspeicher, aber kein Prozessor, um in der Computersprache zu bleiben. Wir Lebewesen sind im Grunde die Prozessoren der Natur. Deswegen betrachte ich uns als das Fühlen und Lernen der Natur. Je komplexer ein Lebewesen ist, umso differenzierter kann es fühlen und lernen. Erst Lebewesen mit Spiegelneuronen sind in der Lage, sich in eine andere Perspektive hineinzuversetzen und dadurch ihr Handeln bewusst zu steuern. Was folgt aus alledem? Bewusstsein ist an einen materiellen Körper gebunden! Über Sinnesorgane nimmt dieser Körper Informationen aus seiner Umgebung auf und verarbeitet sie über seine Neurone. So beginnt er, zu fühlen und zu lernen. Wenn der Körper stirbt, speist er das Gefühlte und Gelernte, seine Seele, ins Licht ein. Erst das Zusammenspiel aus Licht und Materie lässt etwas Sinnvolles entstehen: ein sich selbst organisierendes Netzwerk, das fühlt und lernt – die Natur! Ihr Gedächtnis ist das Licht. Ihr Bewusstsein ist nicht-lokal, also nicht auf einen bestimmten Ort beschränkt; es erstreckt sich über viele Lebewesen und ist im menschlichen Gehirn besonders stark ausgeprägt.

Wie entsteht Bewusstsein?

Auf der Erde verstreichen etwa eine Milliarde Jahre, bis aus einem geeigneten Mix aus Kohlenwasserstoffen, Ammoniak und Wasser die ersten einzelligen Lebewesen entstehen. In den darauf folgenden 2,6 Milliarden Jahren optimieren sich die Bestandteile dieser primitiven Lebensform, bis die Natur ein physikalisches Limit erreicht: Eine einzelne Zelle bräche auseinander, wenn sie eine gewisse Größe überschreiten würde. Die Möglichkeiten einer einzelnen Zelle sind somit natürlich begrenzt, und die Evolution kommt zum Stillstand (siehe Abbildung 41).

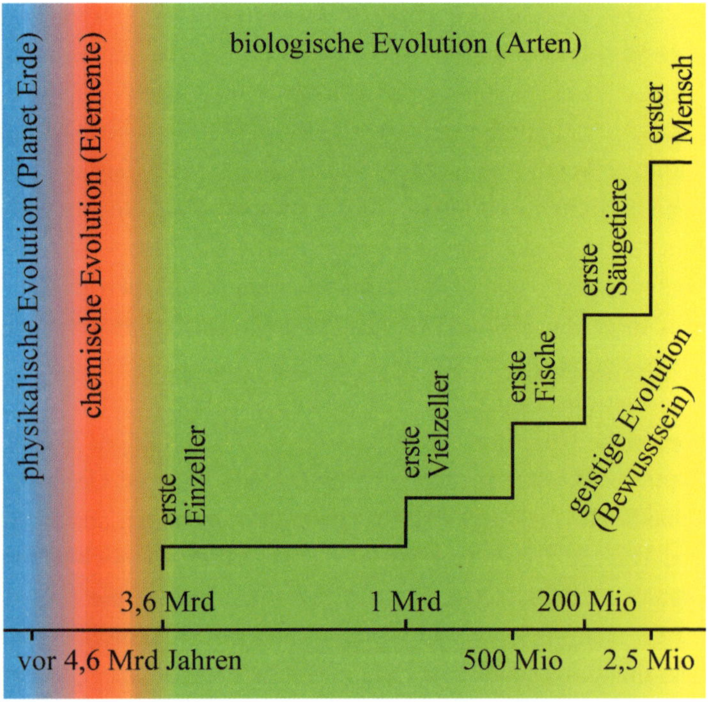

Abb. 41: Verlauf der Evolution auf der Erde

Dann geschieht auf der Erde etwas Erstaunliches: Zellen beginnen, miteinander zu kommunizieren und sich zu Vielzellern zu verbinden. Einem Verbund aus zehn Zellen bieten sich viel mehr Möglichkeiten als zehn einzelnen Zellen. Indem sie sich wichtige Aufgaben wie Stoffwechsel, Reizaufnahme und Informationsverarbeitung teilen, können die Zellen plötzlich deutlich mehr erreichen. Während der Evolution kommt es immer wieder zu solchen Sprüngen. Beispiele sind der Transfer des Lebens vom Wasser aufs Land, die Entstehung der Fotosynthese, die Entstehung von Knochen und Wirbeln, die Entwicklung der Säugetiere und der aufrechte Gang. Stets verschaffen sich die beteiligten Arten einen Vorteil gegenüber anderen Lebewesen.

Dass die Sprünge zufällig (also ohne jede Ursache) sind, halte ich für ausgeschlossen. Kein Computer käme von ganz allein auf die Idee, das Internet zu erfinden, um mit anderen Computern kommunizieren zu können. Ich glaube, dass sich die Sprünge in der Evolution mit einem *Streben nach Liebe und Erkenntnis* erklären lassen und dass dieses Streben ein Grundbedürfnis der Natur ist. Es zeigt sich zum Beispiel im Grauhörnchen, das neugierig an einem Löwenzahn schnuppert. Das Streben nach Liebe und Erkenntnis tritt auf jeder Ebene der Natur anders in Erscheinung. Was den Atomkern zusammenhält, bezeichnen wir Physiker als »starke Kraft«. Was Elektronen mit dem Atomkern verbindet, nennen wir »elektrische Kraft«; sie ist auch an der Entstehung von Molekülen beteiligt. Für die Kraft, die Moleküle zu Zellen und Zellen zu Organismen verbindet, haben wir keinen Namen. Sie ist das Geheimnis des Lebens. Ich vermute, dass es sich bei all diesen Kräften um das Streben der Natur nach Liebe und Erkenntnis handelt. Es könnte jene Urkraft sein, die in der Physik so fieberhaft gesucht wird.

Der britische Naturforscher Charles Darwin stellte erstmals die Behauptung auf, dass sich Leben entwickelt, indem es sich an die Umgebung anpasst.[119] Doch seine *Evolutionstheorie* wird oft missverstanden. Die Natur inszeniert keinen Überlebenskampf, in dem immer nur der Stärkere gewinnt. Nicht Kämpfen ist das Grundprinzip der Evolution, sondern Fühlen und Lernen. Belohnt wird, wer kooperiert und fortschreitet. Der Überlebenskampf dient lediglich als Prüfstein, an dem sich der Fortschritt zu bewähren hat.

Eine ganz besondere Errungenschaft dieses Fortschritts ist Bewusstsein. Wenn wir Spiegelneurone als eine Voraussetzung für Bewusstsein betrachten, dürften Einzeller noch nicht über ein Bewusstsein verfügen. Sie waren aber gewiss der erste Schritt auf einem Weg, den ich »Bewusstwerdung der Natur« nenne. Irgendwann zwischen den ersten Fischen und den ersten Säugetieren dürften sich die Spiegelneurone entwickelt haben. Mit ihnen gelingt es der Natur, sich nicht nur in ein Gegenüber hineinzuversetzen, sondern sich selbst zu spiegeln. Sowohl das Grauhörnchen als auch der Löwenzahn sind die Natur. Indem das Grauhörnchen lernt, wie ein Löwenzahn duftet, liebt (erkennt) sich die Natur selbst.

Parallel zu der von Darwin beschriebenen, biologischen Evolution findet also noch eine Evolution des Bewusstseins statt: die geistige Evolution (siehe Abbildung 41). Demnach ist die Weltsicht der Darwinisten genauso unvollständig wie die Weltsicht ihrer stärksten Kritiker, der Kreationisten. Der

Natur liegt weder ein rein biologisches noch ein rein geistiges Konzept zugrunde, sondern ihre biologische und geistige Entwicklung gehen Hand in Hand. Die Natur kreiert sich selbst: Gott ist Schöpfer und Schöpfung in einem.

Auch in der geistigen Evolution kommt es zu Sprüngen. Der bisher größte Sprung fand wohl vor etwa 30 000 Jahren statt, als Menschen begannen, in größeren Gemeinschaften zu leben. Wenn jemand vor dieser Zeit eine gute Idee hatte, blieb sie in der Familie und konnte sich deshalb nicht entwickeln. Mit der Bildung von Gemeinschaften änderte sich das schlagartig: Jetzt konnten Ideen von anderen Menschen aufgegriffen und verbessert werden. So entstanden raffinierte Werkzeuge, Siedlungen, Verkehrswege und Handel, aber auch komplexe Sprachen und intelligente Kommunikation. Diese Entwicklung hält bis heute an. In modernen Computern stecken über 50 000 gute Ideen. Sie funktionieren, weil mehr als 50 000 Menschen miteinander kooperieren.

Wenn wir die Zeitskala der Evolution betrachten, stellen wir fest, dass die Abstände zwischen den Sprüngen kürzer werden. Vielleicht steht uns der nächste Sprung schon bald bevor. Er wird die Menschheit betreffen, denn wegweisend sind in der Evolution stets die Lebewesen, die am weitesten entwickelt sind. Welchen Weg kann der Mensch gehen? Er kann seinen Artgenossen beim Verhungern zuschauen, sie in die Luft sprengen oder seinen Lebensraum zerstören. Er kann sich aber auch besinnen und das tun, was schon viele Zellen vor ihm getan haben, um sich einen Vorteil zu verschaffen: sich mit den Artgenossen zusammenschließen und gemeinsam nach einem noch höheren Bewusstsein streben. Dieser Sprung würde die siebte Ebene der Natur einläuten. Die neue Lebensform wäre die Menschheit. Das Argument, die Distanz zwischen uns Menschen sei für eine kollektive

Lebensform zu groß, greift nicht. Relativ betrachtet ist die Distanz zwischen Atomkern und Elektronenhülle noch größer, und trotzdem ist das Atom eine Ganzheit.

Ein vielversprechender Schritt in Richtung einer siebten Ebene sind *soziale Netzwerke.* Sie schaffen Kontakte zwischen Menschen, die sonst nie miteinander kommunizieren würden. Vieles davon mag belanglos sein, manches kriminell. Doch beim Aufdecken von Missständen in Politik und Wirtschaft (Missachtung der Menschenrechte, Bekämpfung von Korruption) spielen die Netzwerke bereits eine wichtige Rolle. Sie erleichtern das Teilen, Verknüpfen und Speichern von Information. Wer versucht, Nachrichten zu zensieren, führt einen aussichtslosen Kampf, weil sich Wahrheit nicht vertuschen lässt. Auch Printmedien und TV teilen Information, aber nicht so interaktiv. Es sind Computer und Handys, die uns rund um den Globus vernetzen und die Menschheit enger zusammenrücken lassen (siehe Abbildung 42).

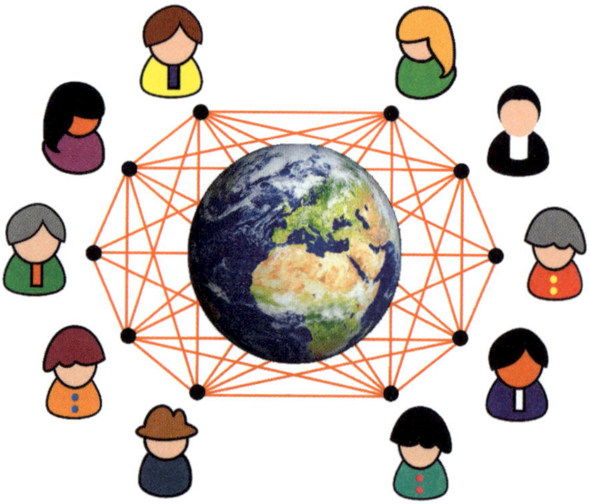

Abb. 42: Teilen im sozialen Netzwerk

Die Neurone im Gehirn verhalten sich ähnlich. Auch sie formen ein Netzwerk: das *neuronale Netz.* Es ist die Grundlage für unser Fühlen und Lernen und für unser Gedächtnis. Lernregeln in neuronalen Netzen wurden erstmals von dem kanadischen Verhaltensforscher Donald Hebb beschrieben: »What fires together, wires together.«[120] Gemeint ist damit, dass sich Information ihren Weg durch das neuronale Netz bahnt. Immer wenn wir ein bestimmtes Objekt sehen, zum Beispiel einen Apfel, werden im Gehirn dieselben Neurone erregt. Je öfter sich der Vorgang wiederholt, umso engmaschiger wird das neuronale Netz (siehe Abbildung 43), und es lernt: »Aha, ein Apfel!«

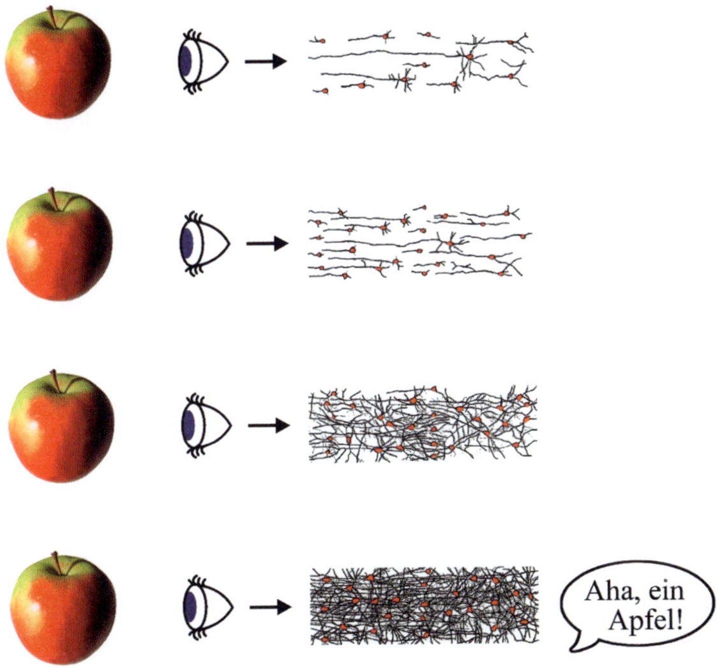

Abb. 43: Lernen im neuronalen Netz

Soziale Netzwerke und neuronale Netze haben gemeinsam, dass sie Information teilen, verknüpfen und speichern können. Dass Computer technische Hilfsmittel sind, tut dem Vergleich keinen Abbruch. Neurone verwenden sogenannte *Neurotransmitter,* also chemische Hilfsmittel, um ihre Erregung auf andere Neuronen zu übertragen. Ich begreife soziale Netzwerke als eine Chance für uns Menschen, um nicht frühzeitig aus der Evolution auszuscheiden. Sie machen aus uns keine anderen Menschen, aber wir sind besser organisiert und informiert, wenn wir vernetzt sind. Dasselbe trifft auf neuronale Netze zu: Sie bieten den beteiligten Neuronen einen höheren Grad an Organisation. Ich glaube, dass nicht irgendwelche Arten mit noch größeren Gehirnen die siebte Ebene der Natur bilden werden, sondern besser organisierte Lebensformen. Eine davon könnte die Menschheit sein. Ihr könnte etwas gelingen, wozu ein einzelner Mensch nicht in der Lage ist: mit anderen Lebensformen im Kosmos kommunizieren. Die achte Ebene lässt grüßen!

Diese Entwicklung würde dem Grundprinzip der Natur gerecht werden: Soziale Netzwerke sind eine Erfindung der Menschen für die Menschheit – wieder ist es die Natur, die sich selbst kreiert. Offenbar leben wir in einem Universum, in dem Bewusstsein entstehen kann. Und wenn Bewusstsein entstehen kann, dann tut es das auch. Alles, was diesen Weg der Natur unterstützt, wird sich durchsetzen; alles, was ihm schadet, wird zugrundegehen.

Dass sich die Natur ihrer selbst bewusst wird und dass ihr Bewusstsein von Ebene zu Ebene wächst, steht für mich außer Frage. Gestützt wird diese These durch die fortschreitende Evolution, die im Verlauf der Zeit immer komplexere Lebensformen hervorbringt. Auf der Erde steuert die Evolution jedoch auf ein nicht unbedeutendes Problem zu. Selbst wenn die Menschheit intelligent genug sein sollte, sich nicht selbst zu vernichten, teilt unsere Erde ihr Schicksal mit vielen anderen Planeten im Universum: In etwa 7,6 Milliarden Jahren wird sich die Sonne derart aufgebläht haben, dass die Erde in sie hineinstürzen wird.[121] Spätestens dann wird alles Leben auf der Erde erlöschen. Welchen Sinn hat in diesem Szenario eine Bewusstwerdung der Natur? Meine Antwort besteht aus zwei Teilen: Erstens bin ich überzeugt, dass im Universum immer wieder Leben entstehen wird, so dass das Bewusstsein der Natur auch ohne eine Erde weiterwachsen kann. Zweitens halte ich die Evolution für nicht zielgerichtet. Es geht nicht darum, irgendwelche Ziele in der Zukunft zu erreichen, sondern darum, Gegenwart bewusst zu gestalten. Alles, was hier und jetzt an Liebe und Erkenntnis entsteht, wertet das Leben auf. Liebe und Erkenntnis sind keine Wertanlagen für später, und sie bringen auch keine Rendite, aber sie bewirken Wunder bei allen, denen sie zuteilwerden:

Sie machen glücklich – hier und jetzt!

Nach den Sternen greifen

Die Natur strebt nach Liebe und Erkenntnis.
Die Natur wird sich ihrer selbst bewusst.
Soziale Netzwerke sind eine Chance.

Alle Illusionen auf einen Blick

Zeit ist nicht absolut, sondern relativ.
Wie kann ich diese Erkenntnis umsetzen?
Indem ich nicht von »der Zeit« spreche,
sondern von »zeitlichen Distanzen«.

Raum ist nicht absolut, sondern relativ.
Wie kann ich diese Erkenntnis umsetzen?
Indem ich nicht von »dem Raum« spreche,
sondern von »räumlichen Distanzen«.

Ich bin keine Person, sondern ein Verb.
Wie kann ich diese Erkenntnis umsetzen?
Indem ich nicht nach Selbstverwirklichung strebe,
sondern mich als ein Fühlen und Lernen begreife.

Glück ist nicht materiell, sondern immateriell.
Wie kann ich diese Erkenntnis umsetzen?
Indem ich nicht nach materiellen Werten strebe,
sondern nach Liebe und Erkenntnis.

Freiheit ist nicht individuell, sondern kollektiv.
Wie kann ich diese Erkenntnis umsetzen?
Indem ich nicht nur auf mein Wohl achte,
sondern auch auf das Wohl der Gemeinschaft.

Gerechtigkeit ist nicht subjektiv, sondern objektiv.

Wie kann ich diese Erkenntnis umsetzen?
Indem ich nicht aus einer Perspektive urteile,
sondern viele Perspektiven einbeziehe.

Religion ist nicht heilig, sondern menschengemacht.

Wie kann ich diese Erkenntnis umsetzen?
Indem ich keiner Religion blind vertraue,
sondern sie kritisch hinterfrage.

Gott ist nicht allmächtig, sondern Gott fühlt und lernt.

Wie kann ich diese Erkenntnis umsetzen?
Indem ich keine großen Wunder von Gott erwarte,
sondern jeden Tag kleine Wunder vollbringe.

Leben ist nicht nach dem Tod, sondern vor dem Tod.

Wie kann ich diese Erkenntnis umsetzen?
Indem ich nicht auf ein Leben nach dem Tod hoffe,
sondern im Hier und Jetzt lebe.

Talk mit dem Autor

Herr Niemz, Sie haben einen Lehrstuhl für Medizintechnik an der ältesten Universität Deutschlands. In Ihren Büchern dringen Sie bis an die Grenzen wissenschaftlicher Erkenntnis vor. Braucht die Physik spirituelle Menschen wie Sie?

Niemz: Naturwissenschaftler, die sich von ihrer Spiritualität leiten lassen, sind heute längst keine Spinner mehr. Spätestens dann, wenn sich eine Beobachtung nicht mehr mit den bestehenden Theorien erklären lässt, wird ein Paradigmenwechsel erforderlich. Eine solche Beobachtung ist die, dass Menschen sich selbst nicht mehr so wichtig nehmen, wenn sie dem Tod einmal sehr nahe waren. Eine mögliche Erklärung ist, dass es das personale Ich gar nicht gibt. Die eigene Identität – das, was vielen heute so wichtig erscheint – wäre demnach nur eine Illusion.

Ihre Thesen faszinieren und polarisieren. Sie wurden sogar um die Rückgabe Ihrer Lehrerlaubnis gebeten – mit welcher Begründung?

Niemz: Es war die Fakultät für Physik und Astronomie der Universität Heidelberg, die mich gebeten hat, meine Lehrerlaubnis zurückzugeben. Als Naturwissenschaftler dürfe ich Begriffe wie »Raum«, »Zeit« und »Lichtgeschwindigkeit«

nicht mit religiösen Begriffen wie »Seele« und »Ewigkeit« verquicken. Dieser Bitte bin ich nicht nachgekommen, weil ich nichts behaupte, was nachweislich falsch ist. Wie jedem Menschen steht auch mir nur ein Kopf zur Verfügung, und darin sollen Wissenschaft und Glauben nicht nebeneinander existieren, sondern sich ergänzen.

Querdenker sind Wegbereiter. Woher nehmen Sie die Kraft, Ihren Weg weiterzugehen?

Niemz: Die stärkste Kraft im Universum ist das Streben der Natur nach Liebe und Erkenntnis. Sie ist es, die auch mein Handeln bestimmt. Ich brauche nur die strahlenden Augen unserer Kinder zu sehen, und schon weiß ich, worauf es im Leben ankommt. Nichts bietet mir mehr Erfüllung als Liebe und Erkenntnis. Nach meinen Lesungen komme ich oft sehr euphorisch nach Hause. Ich spüre förmlich, wie es bei meinen Zuhörern »klick« macht, wenn ich erläutere, wie sinnlos eine Kommunikation in der Ewigkeit wäre. Was sollte ich denn meinen bereits verstorbenen Eltern noch mitteilen, wenn in der Ewigkeit ohnehin schon alles bekannt ist? Eine innere Stimme sagt mir, dass ich auf dem richtigen Weg bin und ihn konsequent weitergehen darf.

In Ihren Büchern und Vorträgen befassen Sie sich intensiv mit den Grundfragen der Menschheit. Gehen Sie seither mit anderen Augen durch das Leben?

Niemz: Gewiss doch! Wenn jemand intensiv über den Sinn im Leben nachdenkt, geht das nicht spurlos an einem vorbei. Ich habe heute eine ganz andere Einstellung zum Leben und zum Tod. Es ist stets der Augenblick, der zählt. Unser

Leben findet hier und jetzt statt und nicht in einer Ewigkeit nach dem Tod. Die Ewigkeit setze ich mit der Perspektive des Lichts gleich. Sie umfasst alles und lässt deshalb nichts Neues mehr zu – also auch kein Leben nach dem Tod. Und weil sie alles umfasst, liegt es nahe, die Existenz eines Göttlichen anzunehmen, das diese Perspektive innehat.

Ist in der modernen Physik also doch noch Platz für Gott?

Niemz: Vor 100 Jahren wurden bedeutende Physiker in den USA nach Gott befragt. Damals glaubten etwa 35 Prozent an einen personalen Gott. Heute sind es nur noch 7 Prozent. Dennoch sind viele Physiker nach wie vor sehr gläubig. Für sie offenbart sich Gott in der Ordnung und in der Schönheit der Natur; nicht in seiner Güte, Gnade oder Gerechtigkeit. Die intensive Beschäftigung mit Natur macht gläubig. Wer sich die Stringenz der Naturgesetze bewusst macht, entdeckt einen Gott, der nicht zwingend eine Person ist.

Kann ein Physiker an Gott glauben und an den Urknall?

Niemz: Ja, dazu muss er allerdings den ausschließlich personal gedachten Gott vieler Christen, Juden und Muslime in Frage stellen. Nach der Urknalltheorie bedarf es keiner göttlichen Lenkung. Die gesamte Energie des Universums war vor etwa 14 Milliarden Jahren in einem Punkt konzentriert. Beim Urknall dehnte sie sich schlagartig aus und wandelte sich erst später infolge der Abkühlung teilweise in Materie um. Der Urknall war das erste Ereignis überhaupt, das heißt, er ist nicht von einem reinen Schöpfergott geplant worden. Urknall und Gott ergänzen sich, sobald ich Gott als Schöpfer und Schöpfung zugleich auffasse. Dann ist Gott nämlich nicht nur Ursache, sondern auch Wirkung. Gott könnte sich zum Beispiel in den Gesetzen der Natur offenbaren und sich zugleich darin verwirklichen.

Lässt sich so auch die Unendlichkeit des Kosmos verstehen?

Niemz: Der unendliche Kosmos ist nichts Geheimnisvolles. Das Problem besteht darin, dass die meisten Menschen den Kosmos für etwas halten, das eine eigene Existenz hat. Aber dem ist wohl nicht so. Raum und auch Zeit sind nur Eigenschaften von Masse und Energie. Ohne Masse und Energie gäbe es weder Raum noch Zeit. Objekte bewegen sich also nicht im Raum, sondern sie erzeugen Raum. Besser wäre es, nicht vom »Raum« zu sprechen, sondern von »räumlichen Distanzen«. Distanzen sind nur Zahlen, und eine Zahl kann jeden beliebigen Wert annehmen.

Das klingt plausibel. Doch wie kann Gott dann alles lieben und alles wissen?

Niemz: Ganz einfach! Indem Gott fühlt und lernt, und zwar durch uns. Die Aussage, dass Gott durch uns fühlt und lernt, gilt aber nur aus unserer Perspektive, in der es eine Zukunft gibt. Aus der Perspektive des Lichts, die nur die Gegenwart kennt, liebt und weiß Gott alles, eben weil er (oder es) aus unserer Perspektive fühlt und lernt.

Was sagt die Kirche zu Ihrer Auffassung von Gott?

Niemz: Erfreulicherweise erfahre ich von den zwei großen Kirchen in Deutschland eine recht positive Resonanz. Mittlerweile halte ich mehr als die Hälfte meiner Lesungen und

Vorträge in kirchlichen Einrichtungen. Insbesondere meine konkrete Auffassung von Ewigkeit stößt dabei auf ein reges Interesse. Das wundert mich nicht. Weder die evangelische noch die katholische Kirche hat eindeutig Stellung bezogen, was mit dem »ewigen Leben« gemeint sei.

Dennoch wird Ihrer Weltsicht mitunter attestiert, nicht mit der christlichen Lehre vereinbar zu sein.

Niemz: Wer solches behauptet, hat meine Bücher entweder nicht gelesen oder sie nicht verstanden. Ich selbst bin christlich aufgewachsen und bekenne mich auch heute noch zum Christentum, weil es wie keine andere Religion die Liebe in den Mittelpunkt stellt. Allerdings betrachte ich Religion als einen Wegweiser zu Gott und nicht als einen Selbstzweck. Jede Weltreligion führt uns zu Gott, wenn wir sie von ausschmückendem Ballast befreien. Der Weg über die Physik ist eine Abkürzung zu Gott, weil sie sich mit der Mathematik einer nüchternen Sprache bedient.

Wer war Jesus Christus?

Niemz: Ich glaube, dass vor etwa 2000 Jahren ein sehr weiser Mann mit dem Namen Jesus gelebt hat. Ich glaube nicht, dass er vom Heiligen Geist gezeugt und von einer Jungfrau geboren wurde. Gott bricht nicht seine eigenen Naturgesetze. Als Physiker glaube ich nicht an übernatürliche Wunder, aber ich bewundere die Natur. Christus und Buddha waren erleuchtet. Sie hatten es im Köpfchen!

Viele Menschen glauben an die Auferstehung oder an eine Wiedergeburt. Wie stehen Sie dazu?

Niemz: Sowohl Auferstehung als auch Wiedergeburt setzen ein Ich voraus, das unabhängig von einem Körper existieren kann. Doch woraus sollte dieses Ich bestehen? Was könnte es noch tun, sobald sein Körper gestorben ist? Nichts! Der Begriff »ich« ist leer, wenn wir ihm keine Tätigkeit zuordnen. Das Ich lebt durch sein Tun, und genau dafür benötigt es einen Körper. Daraus folgt unmittelbar: Mit seinem Körper stirbt das Ich.

Wie können Menschen dann aber behaupten, sie seien Verstorbenen begegnet oder sie hätten schon einmal gelebt?

Niemz: Ich glaube, dass die Wahrheit stets einfach ist. Für diese zwei scheinbar verschiedenen Phänomene gibt es eine gemeinsame Erklärung: Wenn ich sterbe, taucht meine Seele, die aus meiner Liebe und Erkenntnis besteht, ins Licht. Wer in einem spirituellen Erlebnis (zum Beispiel während einer Meditation oder beim Sterben) Zugriff auf den Lichtspeicher erhält, kann nochmals die Liebe von Verstorbenen spüren oder sich das Wissen eines Menschen aneignen, der schon längst gestorben ist. Solange er nicht begreift, dass er diese Liebe und dieses Wissen dem Licht zu verdanken hat, wird er voreilig Schlüsse ziehen. Er wird an ein Leben nach dem Tod glauben oder sich mit einem Verstorbenen identifizieren und behaupten, schon einmal gelebt zu haben.

Wieso können wir den Lichtspeicher nicht immer anzapfen?

Niemz: Eine interessante Frage. Vielleicht wird das Gehirn im Alltag derart mit Sinnesreizen zugeballert, dass es seinen »Draht« zum Licht verloren hat. Bei einer tiefen Meditation kann es gelingen, die Verbindung zum Licht wiederherzustellen. Deshalb ist es so wichtig, achtsam durch das Leben zu gehen. Achtsamkeit ist der Schlüssel, um sich mit allem verbunden zu fühlen.

Warum sollten wir uns eigentlich mit dem Sterben befassen, wenn wir noch mitten im Leben stehen?

Niemz: Sterben gehört zum Leben wie der Abend zum Tag. Ich halte einen Wandel in unserer Einstellung zum Leben, zum Sterben und zum Tod für dringend erforderlich. Leider ist der Tod in unserer Gesellschaft immer noch ein Tabuthema. Wer im engsten Familien- oder Freundeskreis mit dem Tod konfrontiert wird, ist psychisch oft überfordert und nicht ausreichend auf diese Ausnahmesituation vorbereitet. Mit meinen Büchern möchte ich auch dazu beitragen, dass wir uns frühzeitig mit dem Sterben auseinandersetzen.

Was geschieht denn, wenn wir sterben?

Niemz: Ich vermute, dass die meisten Menschen eine völlig falsche Vorstellung vom Sterben haben. Sie verdrängen das Sterben bis ans Lebensende und gehen davon aus, dass sich das Sterben in einem kurzen Augenblick abspiele. Dem ist wohl nicht so. Viele Nahtoderfahrene berichten, dass sie ihr ganzes Leben noch einmal erlebt hätten, und zwar nicht nur aus ihrer eigenen Perspektive, sondern aus den Perspektiven aller, die irgendwie daran beteiligt waren. Demnach umfasst Sterben wesentlich mehr als Leben. Ich glaube, dass wir uns beim Sterben in der Liebe und Erkenntnis Gottes verlieren dürfen. Wenn wir alles lieben und wissen wie Gott, braucht es uns nicht mehr. Spätestens dann ist Gott kein Gegenüber mehr, und das Ich löst sich auf.

Welche Ziele verfolgen Sie mit Ihrer Stiftung Lucys Kinder?

Niemz: Mit der Stiftung setze ich um, was ich beim Schreiben meiner Bücher erkannt habe. Wenn Liebe und Wissen die höchsten Werte sind, dann gilt es, sie zu vermehren. Die *Stiftung Lucys Kinder* setzt sich dafür ein, dass auch Kinder aus den ärmsten Ländern dieser Welt Zugang zu Liebe und Wissen erhalten. Zurzeit fördern wir Nachtschulen in Indien für Kinder, die tagsüber arbeiten müssen.

Was wünschen Sie sich für die Zukunft?

Niemz: Ich wünsche mir, dass wir uns weniger als einzelne Individuen begreifen, sondern als Menschheit. Das maßlose Streben nach Macht und Besitz halte ich für unsere größte Bedrohung. Wenn jeder nur noch an sich denkt, denkt bald niemand mehr an uns. Viele Jahrtausende vertrauten wir auf die Religionen als primäre Quellen der Wahrheit. Gott habe die Welt erschaffen, und Menschen mit dem rechten Glauben dürften sie sich untertan machen. Doch weil jede Religion den rechten Glauben für sich beanspruchte, floss mehr Blut als Liebe. Heute sind die Naturwissenschaften unsere Wahrheitsbeschaffer. Sie sind objektiv, bescheren uns aber Massenvernichtungswaffen und viele Umweltkatastrophen. Weder Religion noch Naturwissenschaft vermochten uns zu zeigen, wie wir harmonisch auf diesem kostbaren Planeten leben können. Dabei liegt die Antwort doch so nah: Unser Körper besteht aus ungefähr 50 Billionen Zellen, die miteinander kooperieren. Dieses Zusammenspiel müssen wir uns auf allen Ebenen des gesellschaftlichen Lebens zum Vorbild nehmen, wenn wir als Menschheit überleben wollen.

Lesungen mit dem Autor

Markolf H. Niemz hält zahlreiche Lesungen und Vorträge. Die aktuellen Termine finden Sie hier:

www.verlag-kreuz.de/aktuelles/veranstaltungen/ veranstaltungskalender_html

Wenn Sie den Autor zu einer Lesung einladen oder seine Arbeit unterstützen möchten, erreichen Sie ihn hier:

markolf.niemz@herder.de

Stiftung Lucys Kinder

Gemeinnützige Stiftungen sind ein unbürokratischer Weg, dem Ich-Wahn in der heutigen Zeit entgegenzuwirken. Mit ihnen lassen sich gezielt Projekte fördern, die der Gemeinschaft zugutekommen. Liebe und Wissen weitergeben kann nur der, dem sie selbst zuteilwurden. Die Bereitschaft, sich für andere einzusetzen, muss also im jungen Alter angelegt werden – in den Schulen! Die *Stiftung Lucys Kinder* möchte auch armen Kindern Zugang zu Liebe und Wissen ermöglichen: *Liebe durch Zuneigung, Wissen durch Bildung.* Wenn diese Kinder später ähnlich denken, wird sich jeder noch so kleine Stiftungsbeitrag vervielfachen und Früchte tragen.

Abb. 44: Aktuelles Förderprojekt

Abb. 45: Wissen durch Bildung

Ganzheitlich denken ist gut – ganzheitlich handeln noch besser! Ich betrachte es als die größte Herausforderung der Menschheit, weltweit Schulen zu errichten, die eine umfassende Allgemeinbildung garantieren. »Allgemein« bedeutet, dass der Unterricht nicht ideologisch gefärbt sein darf, sondern alle politischen und religiösen Überzeugungen objektiv miteinander vergleicht. Um diesem hohen Anspruch gerecht zu werden, müssen staatliche Schulträger auf jede politische Doktrin und kirchliche Schulträger auf jede Missionsarbeit verzichten. Nur so kann die junge Generation selbst erkennen, wie wertvoll die Demokratie und die Religionsfreiheit wirklich sind. Und nur so wird es gelingen, den Hass in der Welt abzubauen und unser Gemeinschaftsgefühl zu stärken. Bildung sollte stets den Weg zur eigenen Erfahrung zeigen. Deshalb biete ich in meinen Büchern auch *keine* neue Religion an, sondern ermuntere Sie, Ihre eigene Weltsicht nach Ungereimtheiten zu durchforsten.

Im Mai 2007 habe ich die *Stiftung Lucys Kinder* ins Leben gerufen und sie mit einem Vermögen von 100 000 Euro ausgestattet, dem Honorar aus meinen Lucy-Büchern. Dank Ihrer großzügigen Spendenbereitschaft und der Zinserträge konnten bis Februar 2015 bereits über 65 000 Euro für zwei ausgewählte Förderprojekte bereitgestellt werden: den Aufbau einer Schule für notleidende Kinder im Jhabua-Distrikt in Zentralindien und seit 2013 die Finanzierung von Nachtschulen im Bundesstaat Rajasthan für Kinder, die tagsüber keine reguläre Schule besuchen können. Die Kinder lernen freiwillig an sechs Abenden der Woche von 18–21 Uhr (im Sommer von 19–22 Uhr). Die meisten von ihnen sind Mädchen. Sie lernen lesen, rechnen, schreiben und den Umgang mit Alltagssituationen: Warum ist sauberes Trinkwasser so wichtig? Wie funktionieren Bank und Post? Wie pflegt und züchtet man Nutztiere? Außerdem werden die Schulkinder regelmäßig medizinisch untersucht und nach dem Unterricht bis nach Hause begleitet.

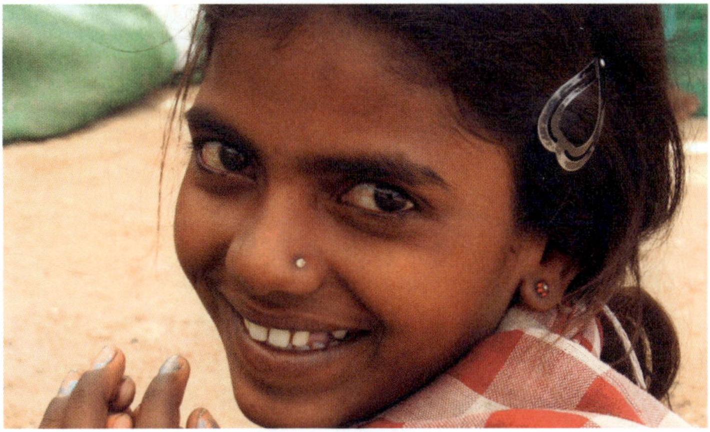

Abb. 46: Liebe durch Zuneigung

Unterrichtet werden die Fächer Sozialkunde, Naturwissenschaft, Mathematik, Hindi und Englisch. Das Wissen der Kinder wird monatlich überprüft. Zusätzliche Kursangebote bereiten den Übergang auf die staatlichen Schulen vor. Eine Besonderheit ist die Einrichtung des Kinderparlaments, das alle zwei bis drei Jahre neu gewählt wird. Dieses Parlament fördert das Demokratieverständnis der Kinder, und es übernimmt eine wichtige Aufgabe: Zusammen mit einem Komitee aus Dorfbewohnern führt es in regelmäßigen Abständen ein Qualitätsmanagement der Schule durch.

Abb. 47: Das Kinderparlament

Die *Stiftung Lucys Kinder* investiert in ein liebenswertes Leben und in die Ausbildung der Kinder. Neben der finanziellen Förderung der Schulen wurden bisher ein Schulbus gekauft, ein großer Sanitätsblock eingerichtet und ein Tank für Regenwasser gebaut. Hunderte von strahlenden Kinderaugen sagen: »Danke!«

Abb. 48: Förderung, die zu 100 Prozent ankommt

An dieser Stelle möchte ich ganz herzlich Dagmar von Tschurtschenthaler danken. Sie setzt sich persönlich für den großen Erfolg der Nachtschulen in Rajasthan ein, ist regelmäßig vor Ort und hat freundlicherweise die Farbfotos zur Verfügung gestellt. Das Projekt hat dieselben Ziele, die ich auch mit meinen Büchern verfolge: Liebe und Wissen in der Welt vermehren, ohne politisch oder religiös überzeugen zu wollen. Die *Stiftung Lucys Kinder* ist beim Finanzamt München als gemeinnützig und mildtätig anerkannt.

Spendenkonto:	Stiftung Lucys Kinder
IBAN:	**DE41 7002 0500 3751 4401 44**
Bank:	Bank für Sozialwirtschaft, München
BIC:	**BFSWDE33MUE**

Spenden ist auch *online* möglich.
Infos hierzu auf: **www.Lucys-Kinder.de**

Anmerkungen

1 Shepard R.N.: *Circularity in Judgements of Relative Pitch,* Journal of the Acoustical Society of America 1964, 36, S. 2346.

2 Dieses Zitat wird Albert Einstein zugeschrieben.

3 Platon: *Politeia* VII, 514a.

4 Aristoteles: *Physik* IV, 12, 220b.

5 Aristoteles: *Physik* IV, 11, 219b.

6 Augustinus: *Confessiones* XI, 20.

7 Augustinus: *Confessiones* XI, 14.

8 Newton I.: *Mathematische Prinzipien der Naturlehre,* Berlin 1872, S. 25.

9 Leibniz G.W.: *Die metaphysischen Anfänge der Mathematik,* in: *Handschriften zur Grundlage der Philosophie* II, S. 35.

10 Kant I.: *Kritik der reinen Vernunft,* Frankfurt am Main 1986, B46.

11 Heidegger M.: *Sein und Zeit,* Tübingen 1967, S. 192.

12 Albert Einstein schreibt diesen Satz 1955 in einem Brief an die Hinterbliebenen von Michele Besso.

13 Einstein A.: *Zur Elektrodynamik bewegter Körper,* Annalen der Physik 1905, 17, S. 891.

14 Planck Collaboration: *Planck 2013 Results. XVI. Cosmological Parameters,* Astronomy & Astrophysics 2013, submitted.

15 Lemaître G.: *Un univers homogène de masse constante et de rayon croissant, rendant compte de la vitesse radiale des nébuleuses extra-galactiques,* Annales de la Société scientifique de Bruxelles 1927, 47, S. 49.

16 Hoyle F.: *The Nature of the Universe,* Oxford 1950.

17 In einem früheren Buch war auch ich noch davon ausgegangen, dass Raum und Zeit mit dem Urknall entstanden seien. Niemz M.H.: *Lucys Vermächtnis,* München 2009, S. 118.

18 Aristoteles: *Physik* IV, 4, 212a.

19 Aristoteles: *De caelo* I, 9, 279a.

20 Sambursky S.: *Das physikalische Weltbild der Antike,* Stuttgart 1965, S. 144.

21 Kopernikus N.: *Über die Umschwünge der himmlischen Kreise,* I, 10.

22 Kepler J.: *Astronomia nova,* Frankfurt am Main 1609.

23 von Kues N.: *De docta ignorantia* II, Hamburg 1977, S. 95.

24 Kant I.: *Kritik der reinen Vernunft,* Frankfurt am Main 1986, B38.

25 Habilitationsvortrag von Bernhard Riemann, Göttingen 1854.

26 siehe 13.

27 Einstein A.: *Die Grundlage der allgemeinen Relativitätstheorie,* Annalen der Physik 1916, 49, S. 769.

28 Dyson F.W., Eddington A.S., Davidson C.: *A Determination of the Deflection of Light by the Sun's Gravitational Field, from Observations Made at the Total Eclipse of May 29, 1919,* Philosophical Transactions of the Royal Society of London 1920, 220, S. 291.

29 Hermann A.: *Einstein,* München 1995, S. 262.

30 Tammet D.: *Elf ist freundlich und Fünf ist laut,* München 2008.

31 Niemz M.H.: *Sinn,* Freiburg 2013, S. 19.

32 de.wikipedia.org/wiki/Applied_Behavior_Analysis [15.08.2014].

33 Vetter B.: *Psychatrie,* Stuttgart 2007, S. 215.

34 Descartes R.: *Die Prinzipien der Philosophie,* Amsterdam 1644, 1, 7.

35 Lauth R., Fuchs E., Gliwitzky (Hrsg.): *Gesamtausgabe der Bayerischen Akademie der Wissenschaften,* Stuttgart 1962, I, 2, S. 259.

36 de Spinoza B.: *Ethik* I, 29.

37 Schelling F.: *Schellings sämtliche Werke* X, 375.

38 Schelling F.: *Schellings sämtliche Werke* III, 604.

39 Schelling F.: *Schellings sämtliche Werke* III, 618.

40 Hume D.: *A Treatise of Human Nature,* 1739, 1.4.6.

41 van Lommel P.: *Near-Death Experience, Consciousness, and the Brain,* World Futures 2006, 62, S. 134.

42 www.focus.de/sport/tennis/peter-graf-stirbt-mit-75-an-krebs-er-haette-mal-alles-fuer-uns-getan_id_3446016.html [15.08.2014].

43 Rimbaud A.: *Seher-Briefe,* München 1997, S. 367.

44 Feuerbach L.: *Das Wesen des Christentums,* Leipzig 1841, S. 381.

45 ebda.

46 Freud S.: *Das Ich und das Es,* Leipzig 1923.

47 Hartmann H.: *Ich-Psychologie und Anpassungsproblem,* Stuttgart 1975.

48 Hofstadter D.R.: *Gödel, Escher, Bach,* Stuttgart 1985, S. 19.

49 Roth G.: *Wie das Gehirn die Seele macht,* in: Schiepek G. (Hrsg.): *Neurobiologie der Psychotherapie,* Stuttgart 2004, S. 36.

50 Precht R.D.: *Wer bin ich – und wenn ja, wie viele?,* München 2007, S. 72.

51 Planck M.: *Zur Theorie des Gesetzes der Energieverteilung im Normalspektrum,* Verhandlungen der Deutschen Physikalischen Gesellschaft 1900, 17, S. 237.

52 Heisenberg W.: *Über quantentheoretische Umdeutung kinematischer und mechanischer Beziehungen,* Zeitschrift für Physik 1925, 33, S. 879.

53 Schrödinger E.: *Quantisierung als Eigenwertproblem I,* Annalen der Physik 1926, 79, S. 361.
Schrödinger E.: *Quantisierung als Eigenwertproblem II,* Annalen der Physik 1926, 79, S. 489.
Schrödinger E.: *Quantisierung als Eigenwertproblem III,* Annalen der Physik 1926, 80, S. 437.
Schrödinger E.: *Quantisierung als Eigenwertproblem IV,* Annalen der Physik 1926, 81, S. 109.

54 Der Er:YAG Laser hat eine Wellenlänge von 2940 nm.

55 Niemz M.H.: *Laser-Tissue Interactions,* Berlin 1996.

56 Niemz M.H., Eisenmann L., Pioch T.: *Vergleich von drei Lasersystemen zur Abtragung von Zahnschmelz,* Schweizerische Monatsschrift für Zahnmedizin 1993, 103, S. 1252.

57 Niemz M.H.: *Investigation and Spectral Analysis of the Plasma-Induced Ablation Mechanism of Dental Hydroxyapatite,* Applied Physics B 1994, 58, S. 273.

58 Darwin C.: *On the Origin of Species,* London 1859.

59 The Chimpanzee Sequencing and Analysis Consortium: *Initial Sequence of the Chimpanzee Genome and Comparison with the Human Genome,* Nature 2005, 437, S. 69.

60 siehe 28.

61 siehe 52 und 53.

62 Niemz M.H.: *Sinn,* Freiburg 2013, S. 41.

63 Niemz M.H.: *Bin ich, wenn ich nicht mehr bin?,* Freiburg 2011, S. 165.

64 Bianconi E. et al.: *An Estimation of the Number of Cells in the Human Body,* Annals of Human Biology 2013, 40, S. 463.

65 en.wikipedia.org/wiki/Bill_of_Rights_1689 [15.08.2014].

66 en.wikipedia.org/wiki/United_States_Declaration_of_Independence [15.08.2014].

67 de.wikipedia.org/wiki/Erklärung_der_Menschen-_und_Bürgerrechte [15.08.2014].

68 www.zeit.de/gesellschaft/zeitgeschehen/2014-01/vergewaltigung-dorfrat-indien [15.08.2014].

69 www.sueddeutsche.de/sport/verdacht-auf-steuerhinterziehung-richter-erliess-haftbefehl-gegen-hoeness-1.1657058 [15.08.2014].

70 www.sueddeutsche.de/wirtschaft/deutlich-mehr-ausnahmen-unternehmen-sparen-sich-eeg-umlage-1.1885132 [15.08.2014].

71 www.un-documents.net/a3r217.htm [15.08.2014].

72 de.wikipedia.org/wiki/Europäische_Menschenrechtskonvention [15.08.2014].

73 www.taz.de/!132555 [15.08.2014].

74 www.nytimes.com/2011/10/30/opinion/mona-simpsons-eulogy-for-steve-jobs.html?pagewanted=3 [15.08.2014].

75 www.forbes.com/pictures/eimh45ehjl/steve-jobs-live-each-day-as-if-it-was-your-last [15.08.2014].

76 Wolfgangs E-Mail vom 19. November 2010.

77 ebda.

78 Eadie B.J.: *Licht am Ende des Lebens,* München 2000, S. 128.

79 Niemz M.H.: *Sinn,* Freiburg 2013, S. 79.

80 de.wikipedia.org/wiki/Liebe [15.08.2014].

81 Aristoteles: *Metaphysik* VII, 17, 1041b.

82 Inas E-Mail vom 14. Mai 2006.

83 van Lommel P.: *Endloses Bewusstsein,* Mannheim 2010, S. 61. Moody R.: *Leben nach dem Tod,* Reinbek 2004, S. 78.

84 *1. Mose* 4, 1.

85 de.wikipedia.org/wiki/Malala_Yousafzai [15.08.2014].

86 ebda.

87 www.igfm.de/themen/scharia/frauen-und-scharia/frauen-unter-der-scharia [15.08.2014].

88 *Sure* 59, 22.

89 *2. Mose* 20, 2.

90 *Sure* 2, 245.

91 Zöllner W.: *Geschichte der Kreuzzüge,* Wiesbaden 1989, S. 50.

92 de.wikipedia.org/wiki/Weltreligion [15.08.2014].

93 Wahrscheinlich stammt dieses Zitat aus einer Zeit vor Mahatma Gandhi. Siehe: en.wikiquote.org/wiki/Mahatma_Gandhi [15.08.2014].

94 macgregorhill.wordpress.com/religion [15.08.2014].

95 Dawkins R.: *Der Gotteswahn,* Berlin 2007, S. 12.

96 Capra F.: *Das Tao der Physik,* München 1997, S. 131.

97 *Psalm* 27, 1.

98 *Johannes* 8, 12.

99 *Sure* 24, 35.

100 *Bhagavad Gita* 13, 17.

101 Kind D.A. (Hrsg.): *Zeitschrift für Missionskunde und Religionswissenschaft,* Heidelberg 1912, S. 137.

102 Niemz M.H.: *Bin ich, wenn ich nicht mehr bin?,* Freiburg 2011, S. 93.

103 Burkert W.: *Kulte des Altertums,* München 2009, S. 102.

104 Aust S., Schnibben C. (Hrsg.): *11. September,* München 2002, S. 53.

105 Leibniz G.W.: *Essais de théodicée sur la bonté de Dieu, la liberté de l'homme et l'origine du mal,* 1710.

106 Niemz M.H.: *Bin ich, wenn ich nicht mehr bin?,* Freiburg 2011, S. 92.

107 Steindl-Rast D.: *Credo,* Freiburg 2010, S. 17.

108 *Sure* 22, 73.

109 Rapino F. et al.: *C/EBPα Induces Highly Efficient Macrophage Transdifferentiation of B Lymphoma and Leukemia Cell Lines and Impairs Their Tumorigenicity,* Cell Reports 2013, 3, S. 1153.

110 Mit »Licht« bezeichne ich nicht nur sichtbares Licht, sondern das gesamte elektromagnetische Spektrum.

111 Niemz M.H.: *Bin ich, wenn ich nicht mehr bin?,* Freiburg 2011, S. 160.

112 Küng H.: *Ewiges Leben?,* München 2002, S. 142.

113 Ein Lichtjahr ist die räumliche Distanz, die das Licht in einem Jahr zurücklegt.

114 siehe 101.

115 Terzani T.: *Das Ende ist mein Anfang,* München 2008, S. 15.

116 van Lommel P.: *Endloses Bewusstsein,* Mannheim 2010, S. 46.

117 Vogelsang F., Hoppe C. (Hrsg.): *Ohne Hirn ist alles nichts,* Neukirchen-Vluyn 2008.

118 Rizzolatti, G.: *Empathie und Spiegelneurone,* Frankfurt am Main 2008.

119 siehe 58.

120 Hebb D.O.: *The Organization of Behavior,* New York 1949.

121 Smith R., Schroeder K.-P.: *Distant Future of the Sun and Earth Revisited,* Monthly Notices of the Royal Astronomical Society 2008, 386, S. 155.

Bildnachweis

Copyright soweit nicht anders angegeben: © Markolf H. Niemz

Kap. **Illusion oder Wirklichkeit?**
Abb. 2: Akiyoshi Kitaoka, Ritsumeikan University, Kyoto, Japan

Kap. **Die absolute Zeit**
Platon: Bibi Saint-Pol, Kopf des Platon, römische Kopie, Boehringer-Sammlung;1930, Tusculum, Inv. 548, Wikimedia Commons/gemeinfrei
Aristoteles: Jastrow, Marmorbüste von Aristoteles, Römische Kopie nach dem griechischen Bronze-Original von Lysippos, Ludovisi Collection, Inv. 8575, Wikimedia Commons/gemeinfrei
Augustinus: Stadtkirche – Marienaltar (Predella), Heiliger Augustinus (1440/50), Wikimedia Commons/© Wolfgang Sauber, Langenzenn (Bayern)
Kant: Immanuel Kant, Stahlstich von Johann Leonhard Raab, 1791, nach einem Gemälde von Döbler, Wikimedia Commons/gemeinfrei
Einstein: Albert Einstein während einer Vorlesung in Wien, 1921, Wikimedia Commons/gemeinfrei

Kap. **Der absolute Raum**
Euklid: Euklid von Alexandria, Wikimedia Commons/gemeinfrei
Lucretius: Titus Lucretius Carus, Wikimedia Commons/gemeinfrei
Ptolemäus: Porträt von Claudius Ptolemäus, unbekannter Künstler, Wikimedia Commons/gemeinfrei
Kopernikus: Porträt aus dem Rathaus in Thorn, um 1580, Wikimedia Commons/gemeinfrei
von Kues: Nikolaus von Kues (Nikolaus Cusanus), Wikimedia Commons/gemeinfrei
Riemann: Georg Friedrich Bernhard Riemann, 1863, Wikimedia Commons/gemeinfrei

Kap. **Das personale Ich**

Descartes: René Descartes (1596 – 1650), Porträt nach Frans Hals, Wikimedia Commons/gemeinfrei

Fichte: Johann Gottlieb Fichte, Lithographie von Johann Friedrich Jugel nach einem Gemälde von Heinrich Anton Dähling, 1808, Wikimedia Commons/gemeinfrei

Schelling: Friedrich Wilhelm Joseph von Schelling, Ölgemälde von Christian Friedrich Tieck, um 1800, Wikimedia Commons/gemeinfrei

Hume: Allan Ramsay, Porträt von David Hume, 1766, Wikimedia Commons/gemeinfrei

Rimbaud: Arthur Rimbaud, 1872, Photographie von Étienne Carjat, Wikimedia Commons/gemeinfrei

Feuerbach: Ludwig Andreas Feuerbach, Die Gartenlaube, 1872, Wikimedia Commons/gemeinfrei

Freud: Sigmund Freud, 1922, Photographie von Max Halberstadt, Wikimedia Commons/gemeinfrei

Kap. **Das materielle Glück**

Wolkenkratzer in Dubai: The Burj Al-Arab Or Arabian Tower At Dusk, © dpa Picture-Alliance/Ian Cumming

Biene beim Pollensammeln auf Löwenzahn: Wikimedia Commons/gemeinfrei

Abb. 21E: Nelumbo nucifera, Nelumbonaceae, Indische Lotosblume, Wasser auf einem Blatt (Lotuseffekt). Botanischer Garten KIT, Karlsruhe, Wikimedia Commons/© H. Zell

Abb. 21F: Wassertropfen auf Krawatte, TECHNOSEUM Landesmuseum für Technik und Arbeit in Mannheim: Fotograf Klaus Luginsland

Abb. 22A: Wilde Müllhalde zwischen Riga und Salaspils, Lettland, Wikimedia Commons/© Dezidor

Abb. 22B: Smog in Peking, Wikimedia Commons/© Berserkerus

Kap. **Die individuelle Freiheit**

Abb. 27A: Nelumbo nucifera, Indische Lotosblume, Wikimedia Commons/gemeinfrei

Abb. 27B: Charaxes brutus natalensis, Wikimedia Commons/© Muhammad Mahdi Karim

Kap. **Die heilige Religion**

Abb. 31: Eroberung Jerusalems, Darstellung aus dem 11./14. Jahrhundert, Wikimedia Commons/gemeinfrei

Kap. **Der allmächtige Gott**
World Trade Center: Nordwand des Südtowers nach dem Einschlag von Flug UA 175 am 11. September 2001, Wikimedia Commons/© Robert, TheMachineStops

Kap. **Bewusstwerdung der Natur**
Grauhörnchen: Kenneth Haley, Photo-artist, Oregon, USA (www.kennethhaley.zenfolio.com)
Abb. 39: Bruce Fritz, Sonnenblumenfeld Fargo, North Dakota/USA, Wikimedia Commons/gemeinfrei

Kap. **Stiftung Lucys Kinder**
Kinder beim Essen sowie Abb. 44-48: Dagmar von Tschurtschenthaler, Children for a better World e.V., München